교육이 삶을 만났을 때

가르치고 배우며 '나'를 크게 만드는 이야기

교육이 삶을 만났을 때

초 판 1쇄 2022년 10월 14일

지은이 김영미
펴낸이 류종렬

펴낸곳 미다스북스
총괄실장 명상완
책임편집 이다경
책임진행 김가영 신은서 임종익 박유진
표지 유승하

등록 2001년 3월 21일 제2001-000040호
주소 서울시 마포구 양화로 133 서교타워 711호
전화 02) 322-7802~3
팩스 02) 6007-1845
블로그 http://blog.naver.com/midasbooks
전자주소 midasbooks@hanmail.net
페이스북 https://www.facebook.com/midasbooks425
인스타그램 https://www.instagram.com/midasbooks

© 김영미, 미다스북스 2022, *Printed in Korea*.

ISBN 979-11-6910-083-0 03370

값 15,000원

미다색스는 다음세대에게 필요한 지혜와 교양을 생각합니다.

가르치고 배우며 '나'를
크게 만드는 이야기

고유의 삶을 만났을 때

김영미 지음

미다스북스

그것만이 내 세상

오래 걸렸다

이 책은 '가르침'과 '배움'에 관한 나의 사유다.

교수자는 '학습자와 함께 배우는 자'라는 나의 신념을 교육현장에서 실천한 사례가 이 책에 들어 있다. 또한 경전, 교재, 이론보다는 교육현장에서 만난 사람들에게서 배운 나의 성찰이 배어 있다.

쓰고 싶었다. 사람들에게 내 생각과 감정을 간절하게 말하고 싶었다. 하지만 이 책이 이런 꼴로 세상에 나오기까지는 많은 시간이 걸렸다. 내가 교육활동 20년의 결산으로 이 책을 쓰기 시작한 지는 오래되었다. 하지만 내 원고에 대해 주변 사람들이 준 피드백으로 나는 좌절했다. 그 이후 한동안 조용히 지냈다. 대학에서 내 수업시간에 사용할 용도로 『셀프 리더십 실천 4단계 매뉴얼』을 쓴 것으로 만족하면서 지냈다.

그래도 가슴 한켠에서는 내가 경험한 '좋은 것'을 사람들에게 말하고 싶다는 생각이 떠나질 않았다. 다른 사람들도 삶에서 배우는 기쁨을 느꼈으면 하는 바람이 목까지 차올랐다. 그런데 고기도 먹어본 놈이 그 맛을 안다던가… 내 수업을 경험하지 않은 사람들이 이 책을 보고 참여식 수업의 맛을 알 수 있게 하는 게 쉽지 않았다. 그래서 교육현장에서 내가 만난 사람들의 이야기와 드라마로 예를 들어가며 다시 집필을 시작했다.

글쓰기를 다시 시작했으나 진도가 잘 나가지 않았다. 책을 쓴 사람이면 누구나 경험했을 그것─막상 써놓고 보면 보잘 것 없고 허접해 보이는 상황을 나는 견디고 넘어서야 했다. 누추하지만 그것 또한 '나'이고, 세상 만물은 모두 쓸모 있다는 생각을 갖고 다시 시작했다.

어찌되었든, 장막을 찢고 나간다

문을 열고 나가고는 싶은데 나는 두려웠다. '이게 맞는 걸까…, 아니면 어떡하지?' 이 물음이 내내 나를 붙잡았고 나는 성큼 발을 내딛지 못했다. 하지만 내가 경험한 세상, 내가 만난 세계를 누군가에게 말하고 싶은 마음이 온몸에 꽉 차올라 더는 주저하지 못하게 됐다.

일상생활에서, 교육현장에서 수많은 생각이 스쳤다. 그 생각을 잡으려고 메모를 해놓기도 하지만 나는 그 아이디어를 다 붙잡지 못했다. "아,

그때 산뜻한 영감이 떠올랐는데 도저히 생각이 안 나네." 하며 아쉬워하기도 했다.

그때의 그 생각을 손으로 쓰기 시작하면서 잡은 생각의 끄트머리가 펼쳐졌다. 꼬리에 꼬리를 물고 또 다른 생각이 일어나기도 했다. 내 안에 접혔던 것들이 펼쳐졌다. 글을 쓰면서 떠오른 어떤 생각이 다시 글이 되고, 그 글이 또 다른 생각을 불러일으켰다. 그래서 글쓰기는 창조적인 행위다.

이것저것 생각은 많은데, 그 생각이 여기저기 널려 있었다. 주워 담아서 무언가를 만들고 싶은데 그게 잘 안 되었다. 내가 본 세상에 대해 사람들에게 말하고는 싶은데, 그 말이 목구멍까지 올라왔는데 말문이 안 열렸다. 꽃봉오리가 맺힌 것 같은데 터지지는 않았다. 찰나가 안 왔다.

어디에 바늘 한 침만 찔러주면 촬촬 흐를 것 같은데 그게 안 되어 답답했다. 그래서 이 책을 쓰게 되었다. 이것저것 주워 담으면서 알아가며 마침표까지 찍으면 그게 바로 꽃봉오리를 터트리는 바늘 한 침이 되지 않을까, 하는 생각에서 이 책 『교육이 삶을 만났을 때』를 쓰게 되었다.

나는 아직도 두렵다. 누군가 내가 이 책에서 말하는 것은 잘못된 것이라고 지적할까 봐 떨린다. 하지만 여기서 한 발 나아가지 못하면 나는 후회할 거다. 장막을 찢어야 한다. 찢고 밖으로 나가야 한다.

영화 〈트루먼 쇼〉에서 주인공 트루먼이 마지막에 폭풍우를 헤치고 장막을 찢어 푸른 하늘을 만난 것처럼, 나도 밖으로 나가야 한다. 트루먼은 구경 당하는 세상을 벗어나 자기의 세상으로, '그것만이 내 세상'인 곳으로 나갔다. 이 책은 용기를 갖고 나의 장막을 찢은 내가 경험한 세상, 내가 만난 세계에 대한 잡설이다.

목차

3부 그래도 가르치고 싶다면
가르치고–배우는 현장에서 터득한 교육 워크숍의 키워드

1부

그들에게서 배웠네

교육현장에서 만난 참여자들,
살아가며 만난 그들에게서 배운 것

이것저것 다 잃고 밀려난 그들에게서 배웠네.
실패담의 좋은 사례로, '나는 저러지 말아야지'가 아니라
내가 살아온 이야기와 같은 그들의 삶에서 깨달았네.

넘어진 그 자리에서 일어나 걸으려 하는 그들
'강사님의 강의는 한 분, 한 분의 인생을 일으켜 세워주십니다'라는
쪽지로 나의 진심을 알아준 그들에게서 배웠네.

죽으려 해도 잘 죽어지지 않고
아직은 목숨이 붙어 있으니 살아야겠는,
만만치 않은 세상, 그럼에도 불구하고 살고자
웅크린 몸 천천히 펴는 그들에게서
삶의 아름다움을 보았네.

1
몸으로 말하는 당신

첫날은 언제나 그렇듯 초긴장이다. 나도 이분들을 처음 만나는 거고 이분들끼리도 서로가 첫 만남이다. 그러니 얼마나 낯설까? 교육장에 어색함과 침묵이 흐른다. 거기다 책상을 서로가 서로의 얼굴을 볼 수 있게끔 ㄷ 자형으로 만들어 놓았으니 이분들도 당황하셨을 거다. 강사가 지식과 정보를 전달하는 강의식 교육은 참여자들이 교육 시간 내내 앞사람의 뒤통수만 쳐다보며 강사가 하는 말을 듣기만 해도 되고 마음이 잠시 콩밭에 가도 된다. 엉덩이에 힘을 주고 앉아만 있으면 된다. 하지만 서로의 얼굴을 볼 수 있게 세팅된 참여식 교육에서 참여자들은 숨을 곳이 없다.

'참여식 워크숍'을 오랫동안 해왔지만 첫날은 나도 힘이 든다. 무엇인가 가슴을 무겁게 짓누른다. 외향적인 성격의 참여자가 한두 분 섞여 있으면 좀 낫다. 온 힘을 다해 밀어도 움직이지 않는 그 무엇처럼 무거운 침묵이 흐른다. 절벽이다.

조○○ 팀장은 그 자리에 서 있는 나를 참여자들에게 소개하며 본인은 첫날의 이런 분위기를 즐긴다고 말한다. 끝날 때는 모두의 얼굴에서 환하게 빛이 나는 걸 경험했으니 오늘도 그럴 것이라 생각하는 것이다. 그가 매사에 긍정적이고 이 교육을 구경하는 입장이라 그럴 수도 있겠다. 하지만 직접 교육을 진행해야 하는 나는 다르다. 첫날의 이런 분위기가 길어지면 그때 나는, 도망치고 싶다.

오늘은 특히 정면에 앉은 여성 참여자가 신경 쓰인다. 그녀는 모자를 푹 눌러쓰고 고개를 한 번도 들지 않는다. 참여자들이 하나, 둘 자기소개를 하고 서로 말을 섞어가며 관계를 엮어간다. 그래도 고개를 안 든다. 그녀가 '나 좀 제발 내버려 두세요. 건드리지 마세요.' 온몸으로 말을 하는 듯하다. 나도 힘들지만 그녀도 힘들 거다. 어떻게 살아왔을까?

그녀는 자신이 가진 생각을 다른 사람들에게 말과 몸짓으로 표현하는 법을 못 배운 것 같다. 아니, 폭력에 의해 그것이 꺾였을지도 모른다. 사회에서 사람으로 대접받기 위해 써야 하는 가면, 서로의 역할과 성격을 연기하는 그 가면과 얼굴이 심하게 훼손당한 것이다.

그녀의 가면은 광풍에 날아갔다. 그래서 택한 것이 아마도 모자였을 거다. 고개를 들면 보이는 맨 얼굴, 속살은 여리여리해서 누가 어떤 시선으로 보든지 아리다. 그러니 고개를 들지 않을 수밖에. 그녀는 상처를 가리고 남들이 가까이 오지 못하게 하는 처세법을 못 배운 것이다. 의무교육이니 이곳에 와야 했다. 아니 살아야 하기에 와야 했다. 비 쫄딱 맞은 쥐처럼 고개를 들지 못하고 웅크리고 있다. 어디로 도망가야 할지 모르는데 그렇다고 대들지는 못하겠고 그렇게 웅크리고 있다. 그게 그녀의 말, 몸으로 하는 말이었다.

2011년 개봉한 영화 〈인디언 썸머〉에서 이신영은 남편의 폭력에서 탈출해(오래전에 본 영화라 확실한지는 모르겠지만 신발도 신지 못하고) 어디론가 가려고 버스터미널에서 표를 산다. 매표소 직원이 "어디 가는 표를 줄까요?" 묻지만 답을 못 한다.

도망은 나왔는데 그녀는 갈 데가 없었다. 아니, 갈 곳을 몰랐다. 어쩌면 오늘 교육에 참여한 이 참여자도 갈 곳은 없는데 가면은 벗겨졌으니 모자를 푹 눌러쓰고 그냥 앉아 있기만 하는 것일지도 모른다. 그녀는 모자를 푹 눌러쓰고 고개를 들지 않은 채 온몸으로 말했다. 입에서 나오는 말보다 백 배, 천 배나 더 강력한 몸으로 하는 말이 공간에 퍼진다.

사람들은 몸으로 말한다. 몸이 하는 말은 숨길 수 없다. 다른 사람에게 직접적으로 전달된다. 해석을 위한 중간다리, 필터링이 없다. 입에서 나오는 말은 다 듣지 않아도 된다. 아니, 다 듣기 힘들다. 다른 사람이 하는 말을 온전히 듣는 것은 불가능하다. 하지만 몸의 언어는 일부만 들을 수 없다. 입에서 나오는 말처럼 일부만 듣거나 윤색해서 들을 수 없다. 몸은 1차적이고 직접적이기 때문이다.

나는 그날 교육에서 그녀가 말하는 몸의 언어를 보면서 그녀의 상처받은 영혼을 보았다. 몸으로 살아가는 자, 몸을 존재케 한 그 영혼이 상처받은 것을 느낄 수 있었다. 굳이 구구절절하게 사연을 입으로 말하지 않아도 그 몸이 강렬하게 말했다.

예수는 말한다. "육신이 영혼으로 인하여 존재케 되었다면 그것은 기적이로다. 그러나 영혼이 몸으로 인해 존재케 되었다면 그것은 기적 중에 기적이로다. 그러나 진실로 나는 어떻게 이토록 위대한 부유함이 이토록 빈곤함 속에서 거하게 되었는지 불가사의하게 생각하노라."(도마복음 29절).

몸과 영혼이 함께 있는데 그녀의 몸을 존재케 한 영혼이 상처받은 것이다. 그런데 몸과 영혼이 뚜렷한 경계선을 가지지 않고 섞여 있어 그녀의 몸이 말했던 것이다.

이튿날 그녀가 소리 없이 크게 한 번 웃었다. 팀원끼리 힘을 모아 '책탑 쌓기' 게임을 하는데 자기 팀원이 공들여 쌓은 책이 와르르 무너지며 팀원들이 실망하고 난리가 나자, 여전히 고개를 쳐들지는 않았지만 환하게 웃었다. 영혼으로 인해 존재케 된 그녀의 몸, 아직은 살아 있는 그녀의 몸이 드디어 말을 한 것이다.

몸과 영혼은 섞여 있다. 한 쌍의 젓가락처럼 명확히 구분되어 나란히 있는 것이 아니며, 물에 뜬 기름처럼 경계선이 뚜렷하게 구분되어 쓰윽 걷어낼 수 있는 것도 아니다. 김용옥 교수는 도마복음 강의에서 '살아 있는 예수'를 역설하며 몸과 영혼이 '휘저어진 막걸리'의 상태처럼 있어야 생명이라고 말한다.

막걸리를 흔들지 않고 가만히 두면 침전물과 그 위의 청주로 분리된다. 그것을 휘저어서 걸쭉하게 되었을 때 막걸리 맛이 제대로 나듯, 우리의 몸과 영혼도 마찬가지리라. 많은 사람이 몸 따로, 마음 따로 분리된 상태로 산다. 그리 사는 건 죽음이다. 거짓이다.

영혼이 몸에 깃들어 혼합되어 살면 몸이 많이 아프다. 몸이 물리적인 폭력이나 상해를 입어 아픈 건 당연한데 영혼이 상처를 입었어도 몸과 영혼이 혼합되어 있기에 몸이 아프다.

사람들이 몸과 영혼을 분리해서 생각하는 것은 고통을 회피하기 위한 사람들의 대응법인지도 모르겠다. 하여 "이토록 위대한 부유함이 이토록 빈곤함 속에서 거하게 되었는지 불가사의하게 생각한다"는 예수의 말이 가슴에 꽂힌다.

예수의 이 말은 경이로움의 표현일까, 탄식일까? 같은 말일 것이다. 경이로움은 연꽃처럼 흙탕물, 탄식 속에서 핀다. 그래서 우리는 아주 가끔 고상한 인간을 보는지 모르겠다.

흙탕물 속에서도 꽃은 핀다

2

우리를 어떻게 생각하세요?

"강사님은 여기 앉아 있는 우리를 어떻게 생각하세요?" 노숙 생활을 하시던 참여자가 내게 물었다. "사람이요." 십수 년 동안 한 번도 바뀌지 않은 나의 신념이다. 당위적 명제가 아니다. 다양한 계층과 연령대의 사람들을 직접 만나면서 내가 깨달은 진리다.

나는 십수 년 동안 교사, 교수, 성직자, 시민단체 활동가, 공무원, 지역 자활센터 참여 주민, 초·중·고·대학생 등 다양한 영역에 있는 학습자들을 교육현장에서 만났다. 교육이 끝나고 나면 드는 생각은 딱 하나, '다 똑같은 사람이구나.' 그들 모두는 존재를 인정받고 싶고, 사람대우 받고 싶은 사람들이었다.

매 교육마다 어떤 집단을 만나든 나는 진심으로 참여자 한 분 한 분의 존재를 존중하려고 애쓴다. 다행히 외모가 촌스럽고, 교육을 진행하면서 어려운 말을 쓰지 않아서인지 학습자들이 거리감을 두지 않고 나를 친밀하게 대한다.

많이 배웠다는 이력을 명찰로 달고 다니는 분들이나 특권의식, 자부심으로 지탱하며 사는 분들은 나 같은 사람이 강사랍시고 마이크 들고 서 있는 게 우스워 보이는지 팔짱을 끼고 길게 관찰한다. 그런 경우에도 그를 존중한다. 그를 존중한다는 것은 그의 이력, 사상, 지식, 태도, 재산 등 모든 것을 다 인정하는 것이니까. 다른 사람을 존중하려면 감수성을 섬세하게 단련해야 한다.

존중 감수성과 관련해 부끄러운 장면이 몇 장면 떠오른다. 지금 생각해도 낯이 뜨거워지는 장면이다. '인간관계 훈련'을 주제로 하루에 4시간씩 3회의 워크숍을 할 때였다. 개인적인 이유로 따지자면 중증의 질병이 있어 장기간 치료와 요양을 했든, 남편과 사별했든, 사업이 망했든, 회사가 구조조정을 해서 실직을 했든, 빚보증을 잘못 섰든, 알코올의존증 때문이든, 하여간 일자리가 없어져서 자활을 위해 모인 분들이었다.

지식과 정보를 전달하기 위한 강의가 아니었다. 참여자들이 서로 관계를 맺으면서 자기를 발견하고 표현해가며 자활계획을 수립하는 자리였다. 학습자 스스로가 말하고 듣는 행위를 적극적으로 해야 한다. 교육 초반에 참여자들과 함께 '즐겁게 참여하자'라는 활동지를 읽고 약속을 했다. 교육에 참여하기 위한 다짐 계약서인 셈인데 여러 가지 조항 가운데 휴대폰에 관한 항목에서 제동이 걸렸다.

즐겁게 참여하자

나는(   )[1]

에 있다.

지금 여기에서의 만남은 내가 선택한 것.

지금 여기는 내가 만들어 가는 것

즐겁고 풍요로운 만남을 위해

나는 다음과 같이 행동하겠습니다.

1. 교육시간 중에는 휴대폰 전원을 끄겠습니다.[2]

---

1) 내가 학습자들과 합의하고 싶은 (   ) 안에 들어갈 말은 '지금 여기'다.
2) 그때, 교육에 참여한 학습자와 휴대폰 문제로 언쟁이 있은 후, 즉 내가 참여자 존중 감수성이 떨어져서 발생한 사건임을 깨달은 후로는 이 문항을 읽은 후, 참여자들에게 "교육시간에는 휴대폰 전원을 무음으로 하거나 끌 것을 부탁드립니다."라고 정중히 이야기한다.

2. 잘 듣겠습니다.

3. 잘 보겠습니다.

4. 옆 사람도 보겠습니다.

5. 말할 때는 큰 소리로, 잘 들리게 이야기하겠습니다.

6. 다른 사람의 말을 들을 때는, 그 사람의 얼굴을 보겠습니다.

7. 잘 듣고 공감되면, 전해지는 느낌이 있으면 표현하겠습니다.

8. 동료의 특성을 발견하고 말해주겠습니다.

20○○년 ○○월 ○○일

_____(사인)

　1번 '교육시간에는 휴대폰을 *끄자*'는 문항에 대해 참여자 한 분이 저항을 했다. 본인에게 연락 올 때가 있어 휴대폰을 끌 수 없다는 것이다. 그에게 중요한 연락인지 물었다. 꼭 받아야 할 연락이 있다면 휴대폰을 실무자에게 맡기고 대신 전화를 받아달라고 하라고 했다. 그분이 자신의 사적인 정보가 있는 물건을 어떻게 다른 사람에게 맡기냐며 화를 내신다.

　교육장에 긴장감이 감돈다. 물러설 수 없다고 판단했다. 휴대폰의 세계에 빠지는 참여자들이 많을 경우 교육에 대한 몰입도가 떨어지기에 휴대폰 전원을 끄라고 한 것이었기 때문이다. 그 참여자에게 왜 휴대폰 전원을 꺼야 하는지 침을 튀겨가며 설명했다. 그러나 계속 그분하고 논쟁을 할 수는 없기에 일단 프로그램을 진행했다. 쉬는 시간에 그분이 나에게 사과를 하신다. 물론 나도 사과를 했다. 교육이 진행되면서 자기 자신을 표현하는 활동을 하고 같은 공간에 있는 다른 학습자들과 교류하면서 그분의 마음이 풀린 것이었다.

그때는 그분의 마음이 열려서 나에게 사과했다고 생각했다. '마이크를 든 내가 아니라, 학습자가 권력자네.' 뭐 그렇게 생각하고 지나갔다. 지금와 생각하면, 학습자에 대한 존중 감수성이 부족했던 내가 부끄럽다. 존중은 강령이나 원리가 아니다. 상대방의 처지와 입장에 대한 섬세한 살핌에서 나오는 행동 양식이다.

비슷한 목표를 갖고 진행한 교육이 있었다. 고질병 한두 개는 다 달고 사는 분들이었는데, 손에 장애가 있어 손가락이 잘려나간 분이 계셨다. 나는 그 사실을 모르고 교육에 참여한 분들이 옆 사람과 손을 마주치는 활동을 했다. 그분은 화를 내고 교육 중간에 나가셨다. 그분에게 잘려나간 손가락은 숨기고 싶은 상처였던 거다.

지금 와 생각하면 너무 죄송하다. "선무당이 사람 잡는다"는 말이 있듯이 내가 어떻게 이 교육을 이끌고 나갈 것인지에 치중하던 시절, 교육 참여자를 세심히 살피지 못해 그분에게 큰 상처를 주었다.

참여식 교육으로 진행하더라도 교육현장에서는 이미 교수자에게 권력이 집중된다. 교육이라는 말 자체에 '가르쳐서 알게 하거나 깨닫게 한다'는 의미가 들어 있어서 어떤 교육이든 교수자나 학습자들 모두 그 프레임에서 벗어나기 힘들다. 섬세한 감수성을 갖춘 교수자가 아니면 부지불식간에 학습자를 가르쳐야 할 대상으로 보는 말과 행동이 튀어나온다.

강의는 이런 것이 잘 드러나지 않을 수 있다. 교수자와 학습자 서로가 암묵적으로 교수자의 권위를 인정하고 학습자는 교수자가 체계적으로 정리한 지식과 정보를 받아먹으면 된다. 그것도 싫으면 그냥 그 자리에 조용히 앉아 있으면 된다. 그러나 배움 중심·학습자 주도의 워크숍은 교수자와 학습자, 학습자와 학습자가 가깝게 만나면서 지속적으로 말과 행동을 섞으며 서로의 삶을 풀어낸다. 때문에 사람을 대하는 태도와 관점, 세계관, 행동 양식 등을 숨길 수가 없다.

이제 타자 존중 감수성에 대한 검토가 필요한 시대다. 감수성. '성인지 감수성'이라는 말로 우리에게 친숙해진 이 감수성을 일부 사람들은 상대방의 눈치 보기, 예민하게 살핀 후 대응하기 정도로 이해한다. 감수성은 매뉴얼, 대응법이 아니다. 우리는 살아가는 세상과 사람에 대해 깊이 이해하고 공감할 때 상대방의 처지와 행동을 섬세하게 살피게 된다.

어느 날부터인가 우리는 한 사람 한 사람 각각의 존재를 가치 있게 여겨야 하는 존중의 세상을 살아간다. 엄마는 아침밥을 해줘야 하고, 아빠는 식구들을 위해 돈을 벌어야 하며, 자녀는 그 부모의 은혜에 응답하기 위해 공부를 잘해야 하는 전통적인 역할에서 벗어난 낱낱의 개인이 살아가는 사회, 그러한 개인을 만나야 하는 세상을 산다. 그러니 예민하게 대우해야 할 수밖에.

『사랑, 장소, 환대』의 저자인 김현경은 사회가 부여한 여러 가지 역할에서 자기를 해방함으로써 진정한 정체성을 발견하는 사회, 위계가 부정되고 우리를 평등하게 만든 세상에서 존엄은 누구에게나 주어지는 권리라고 말한다.[3]

개인의 자아정체성이 자기가 속한 집단에 의해 규정되었던 근대 사회에서는 개인의 감성과 행동까지 사회가 규제했다. 남자는 평생 세 번 울어야 하고, 여자와 북어는 3일에 한 번 때려야 했다. 이제는 전통적인 집단(조직, 사회)에서 개인을 규율하던 행동의 준칙들이 더 이상 힘을 발휘하지 못한다. 낱낱의 개인에게 자기 행동의 선택을 위임한 시대, 이제 우리는 타인을 존중하기 위한 섬세한 감수성을 갖춰야 한다.

---

3) 김현경, 『사랑, 장소, 환대』, 문학과지성사, 2015.

3
온 에어(On-Air), '노력 중'입니다

하루에 3시간씩 나흘 동안 진행하는 교육이었다. "세상이 만만하지 않네요." 셋째 날부터 참석하신 나이 지긋하신 그분, '글쎄요'님(교육 중에 부르는 별칭)의 말이다. 슬픔이 온몸에 가득 차 있어 어떤 말을 건네든지 눈물이 뚝뚝 떨어질 것 같은 참여자였다. 슬픔을 받아주는 사람들이 없어 그 몸에 슬픔을 꽉 채우고 계신 것이다.

이분은 세상을 만만하게 보지 않았다. 맞서 싸우려고 하지도 않았다. 맞서서 싸웠다면 승자가 되어 피라미드 저 꼭대기에 있거나, 벌써 죽었을지도 모른다. 그냥 살았을 뿐인데 이제 둘러보니 사방이 총구이고 어디로 가야 할지를 모르게 되어 온몸에 슬픔을 가득 채운 채 교육장에 앉아 있는 거였다. 온몸에 화, 분노가 가득 차 있는 사람들을 만나기도 했다. 살면서 생긴 화를 다 쏟아내지 못해 금방이라도 폭발할 것 같은 분들을 보면 나는 아련한 연민을 느낀다.

수명을 다한 세포가 죽어야 새로운 세포가 생기듯, 위태롭게 붙어 있는 바싹 마른 낙엽도 때가 되면 떨어지듯 그렇게 갈 것은 가야 한다. 가야 새것이 온다. 보냈으니 새것이 오는 거겠지. 녹음 찬란했던 이파리 다 떨어냈으니 다시 연둣빛 새싹을 보는 거다. 세상만 그런 게 아니라 우리 몸도 그렇다. 보내야 새로운 것이 오는데 그게 왜 이리 힘든 건지. 우리는 그때의 분노, 슬픔, 원망을 못 보내고 가련하게 살아간다.

늘 생성한다. 니체가 말한 '생성하는 세계'라는 말은 내 몸에도 적용된다. 그때의 그 슬픔은 가고, 다른 감정이 와야 한다. 슬픔이 갔으니 이제 기쁨이 와야 한다는 것이 아니다. 다른 슬픔이 올 수도 있다. 가고 오는 게 생성(生成)이다. 일양일음지도(一陽一陰之道)라 하지 않던가!

나는 교육현장에서 맷집이 약한 사람들을 많이 만난다. 별칭이 '노력 중'인 분은 첫날 자기소개부터 자신은 '알코올중독자'인데 지금은 단주 중이라고 소개했다. 자기 자신을 설명하는 여러 형용사 가운데 한 개가 '노력 중'이었는데, 그것으로 자기 별칭을 만든 것이다. 1년간 단주했는데 술을 마시게 되어 퇴사했다가 다시 이 교육에 오신 분이셨다. 지금은 다시 단주 중이란다.

모든 치료의 시작은 자기 인정부터다. 본인이 그것을 고쳐야겠다고 인정하면서부터 치료가 시작된다. 여기가 아닌 저기로 가겠다고 다짐하는 거다. 인정하고 다짐했어도 쉽지 않은 게 인생이다. 이분 말에 따르면, 알코올의존증의 경우 다시 술을 먹게 됐을 때 그동안 참았던 술을 한꺼번에 다 마신다고 한다. 알코올의존증은 고칠 수 없는 것인가?

5년 전, 바로 이 교육장이었다. 하루에 4시간씩 진행하는 교육이었다. 알코올의존증이신 남성분이 계셨다. 둘째 날 교육에서는 그분이 술을 안 드시고 푹 눌러썼던 모자까지 벗으셨다. 전날 술을 안 드셔서 그런지 한자리에 오래 앉아 있는 것을 힘들어하셨다.

선한 눈빛이 흐르는 참여자였다. 오라는 곳 없고 갈 수 있는 곳이 없는 그분. 부인이었는지 동거하는 여성이었는지는 모르겠는데, 둘이서 서로 위로하며 단칸방에서 매일 술을 드셨단다. 그러다 동네 이웃들이 주민자치센터에 신고해서 이 교육에 오신 거였다.

그때, 나는 선한 눈의 그 참여자를 보고 생각했다. '그래, 저렇게 살아도 되는 거지.' 그분에게는 할 수 있는 일이 술 마시는 것뿐이었다. '할 수 있는 건 사랑뿐'이라고? 개소리다, 판타지다. 중독은 과몰입한 상태일 뿐이다. 사람들 모두 어느 것에든 과몰입하고 산다. 다른 이에게 피해를 끼

치지만 않으면 되는 거겠지. 자신의 증상을 인정한다고 해서 다 고칠 수 있는 것은 아니다.

아…, 인생살이 서글프다. 피나는 노력을 해야 한다. 나는 그분에게 술을 끊기 위해 노력하라고 말하지 않았다. 이 세상 그 무엇도 그분에게 위로를 주지 않았기 때문이다. 오직 술만이 그분의 유일한 위로였다. 술이 위로였던 그분을 보며 나는 그분이 죽지 않을 정도만 술을 드셨으면 좋겠다는 생각을 했다.

온몸 전체가 고독인 참여자를 교육장에서 만난 적이 있다. 열심히 호응하시지만 나는 그가 애쓰고 있다는 걸 느꼈다. 이튿날 그분에 대해 알았다. 알코올의존증이셨는데 뇌출혈로 쓰러지신 뒤, 1년째 단주 중이라고 하셨다. 나는 그때, 그 고독을 보는 게 힘들어서 그분에게 '술 드실래요?'라는 말을 하고 싶었다.

전에는 이 세상 모든 알코올의존증인 사람들을 악의 구렁텅이에서 꺼내야 한다고 생각했다. 내 아버지도 알코올의존증 때문에 돌아가셨기에 알코올의존증에 관해서는 불타는 사명감까지 있었다. 이제는 그냥 그분들이 행복하셨으면 좋겠다는 생각을 한다.

그렇게 힘든 일인 '단주'를 이분, '노력 중'은 다시 시도하신다. '노력 중'인 거다. 온 에어(On air)다. 방송만 온 에어일까. 태어나서 사는 것 자체가 온 에어다. 죽어야 끝나는 일, 죽음으로 완성되는 것이 인생이다. 죽음은 END다. 영화가 끝나고 마지막에 올라가는 스크린 속 글자, 디 엔드(The END). 끝났다는 건 목적을 달성한 것, 목적도 죽음도 다 END다. 나의 존재 이유를 완성시키는 것은 죽음이다. 그런데 인간은 그 죽음을 두려워한다. 흔쾌히 받아들이지 못한다.

어느 날 운명이 찾아와

나에게 말을 붙이고

내가 네 운명이란다, 그동안

내가 마음에 들었니, 라고 묻는다면

나는 조용히 그를 끌어안고

오래 있을 거야

눈물을 흘리게 될지, 마음이

한없이 고요해져 이제는

아무것도 더 필요하지 않다고 느끼게 될지는

잘 모르겠어

– 한강, 「서시」 중 일부

어느 날, 죽음(The End)이 내게 다가와 말을 붙일 때 나는 조용히 그를 끌어안고 싶다. 다 못 마친 일이 있어도 "좀 아쉽지만, 괜찮아요."라고 말하고 싶다.

맞아. 삶은 아이엔지(Ing), 진행 중이다. 전에는 Becoming인 줄 알았다. 어디를 향해서 완성되어가는 과정인 줄 알았다. 하지만 지금은 온 에어(On Air)가 더 와닿는다. 온 케어(On Care). 온 러브(On Love). 온(On)~~~ 수많은 온(On)이다.

'노력 중'인 그분, 죽기 전에 또다시 술을 마실지 모른다. 쉽지 않다는 걸 나는 경험으로 안다. 그에게 물었다. "이것저것 다 잃었고 지금 넘어져서 이곳에 왔는데 당신에게 있는 자원, 코딱지만 한 것이라도 붙잡고 싶은 것이 있다면 그건 뭐냐?"고.

알코올의존증 때문에 떨어져 산 지 10년이 넘은 가족, 그의 유일한 핏줄인 자녀가 그의 지원군이란다. 어디에 사는지 10여 년째 연락은 안 되지만 그가 노력하는 유일한 이유는 바로 가족이었다. 자신의 유전자를 탑재한 자녀가 이 세상에 있다는 것이 그가 살아가는 이유였던 것이다. 평생 남에게 '고맙습니다, 죄송합니다.'란 말만 하고 살았지 정작 '고맙습니다.'를 들어본 적이 없다는 그분에게 "삶의 진리를 깨닫게 해 주셔서 진심으로 고맙습니다."라는 말을 전하고 싶다.

하나님은 온(On), 천지대자연은 지성무식(至誠無息), 쉬지 않고 살아 숨 쉰다.

4
저는 넘어지면서 배워요

"도와주시는 건 고마운데 엄마가 이것저것 미리 알려주시면 제가 결정할 수 있는 기회를 다 빼앗기는 것 같아요. 그러면 제 자존감이 낮아져요. 제 나이 정도 되면 경제적 독립뿐 아니라 많은 것을 스스로 해야 한다고 생각해요. 물론 고마웠어요. 엄마가 일러주신 대로 숄더백을 어깨에 메니까 여권이나 비행기 표를 수월하게 꺼낼 수 있었어요. 슬리퍼도 따로 가방에 넣어 비행기를 타니까 장시간 비행하는 동안 발이 편했어요. 그런데 엄마가 평생 내 여행 가방을 싸 주실 건 아니잖아요?"

아들이 군대에서 전역한 후 스페인 산티아고 순례길을 준비할 때, 그리고 여행을 다녀온 후 복학 준비를 할 때 조언이랍시고 내가 건넨 말 때문에 아들과 작은 분쟁이 있었다. 엄마가 하나하나 알려주면 자기가 무시당하는 느낌이 든단다. 별난 아들이라고 생각했다. 자기만의 공간과 시간, 결정권에 대해 매우 예민한 아이다. 내가 여행을 하는 것 같아 기분이 들떠서 알려준 거라고 해명을 하면서 아들과 진지하게 이야기를 하게 되었다.

"숙소를 예약하고 교통편을 알아보고 그리고 내 짐을 내가 지고 걷고. 모든 걸 스스로 하면서 그걸 할 수 있는 내가 자랑스러웠어요. 결국은 내 인생의 길도 이렇게 하나하나 내가 선택하는 거구나 생각했어요. 물론 엄마가 저보다 오래 살아서 더 많이 알 수는 있지만 제가 걸어가는 길이 잖아요. 넘어져도 제가 넘어지고, 그러면서 '아, 이것이 아니었구나'를 스스로 알게 되잖아요."

이야기 중에 "그래, 너는 넘어지면서 배우는구나." 하니까 아들이 말한다. "예, 맞아요. 엄마, 그런데 저는 다른 사람들과 달라요. 넘어져도 그 과정에서 배우지 못하는 사람들이 많아요. 그렇지만 저는 거기서 배워요." 맞는 말이다.

"나는 네 인생에 관섭하려 했던 게 아니고 단지 알려주고 싶은 거였어."라고 변명하고 싶었다. 그러나 조용히 생각해보니 "가르침은 없다, 오직 배움만 있을 뿐이다."라고 떠들고 다니면서 막상 나는 내 아들에게 가르친 거였다. '저 아이를 최대한 존중하는 건, 먼저 알려주지 않는 것이구나.'

이제 알겠다. 내가 걸은 길, 그 길에서 알게 되고 깨달은 것은 '그때, 내가 안 것'이다. 지금은 그때가 아니고 저 아이는 내가 아니다. 나에게 좋은 것이 꼭 저 아이에게 좋은 것은 아니다. 사람 중심 상담을 창시한 칼 로저스의 '자기 발견적 학습'이라는 것이 이런 것이었구나.

로저스는 생전에 하버드대학에서 주최한 '인간 행동에 영향을 미치는 교수법' 회의에 참석해 '학습자 중심 교수법'을 시연하며 '자기 발견적 학습'에 관해 이야기한다. 그는 "나는 다른 이에게 가르칠 수 없다는 것을 경험했다. 다른 이에게 가르칠 수 있는 것이라면 그것은 중요하지 않은 것이고, 행동에 영향을 미치지 않는다. 나는 행동에 중요한 영향을 미치는 '학습'에만 관심을 갖게 되었으며, 행동에 중요한 영향력을 행사하는 유일한 학습은 자기 발견적이고 자기 고유한 학습이라는 것을 알았다"고 한다.[4] 그의 사상에 감화되었고, 나의 교육철학으로 삼았다고 여겼는데 지금의 내 꼴을 보니 아직도 나는 멀었다.

---

4) 칼 로저스, 「사람 중심 상담(A Way of Being)」, 학지사, 2007.

아들과 싸우면서 로저스가 한 말의 의미를 내 몸으로 확실히 알게 되었다. 그가 말한 '자기 발견적 학습'을 다른 말로 하자면 '그때, 자기 몸으로 알기'가 아닐까. 로저스는 "자기 경험적 학습과 경험을 통해 개인적으로 자기 것으로 흡수된 진실은 다른 이들과 직접적으로 교류될 수 없다."고 한다. "그러한 개인적 경험을 직접적으로 교류하려고 시도하다 보면 자연스럽게 '가르치는 행위'가 되며 그 결과는 보잘것없게 된다."고 말한다.

보잘것없게 된다는 말에서 확 깼다. 오늘 내가 저 아이에게 교류한답시고 알려주려다 가르치게 되었고, 결국은 매우 보잘것없는 신세가 된 것이다. 아마도 나는 수많은 교육현장에서 보잘것없는 행위를 했을지 모른다. 그것이 무엇이든 내가 미리 알려주면 저 아이는 자신이 가고자 하는 길의 방향과 방법에 영향을 받고 자기 결정권이 침해받는다고 생각한다. 아들과 그 대화를 나누었던 날, 내 방에 이렇게 써서 붙였다. "물어보면 그때, 대답하기. 미리 알려고 하지 않기."

"예, 엄마. 저는 넘어지면서 배워요."라는 아들의 말에서 또 배운다. 넘어지지 않고 살 수 있을까? 우리 모두는 태어난 후, 걷기 위해 수천 번, 수만 번도 더 넘어졌을 터인데, 나이 들어 세상을 알고 나서는 다들 넘어지지 않으려고 기를 쓴다. 잘 닦여진 길을 간다. 만들어진 매뉴얼을 따라 살며 실수를 최대한 줄이려고 한다. 이렇게 살면서 내 안에 있는 수만 가지의 길은 하나, 둘 사라져 자기 자신이 길임을 잊게 된다.

저 아이는 자기 안에 있는 그 수많은 길을 시험하고 싶은 것이다. 내 방식대로 세상을 알아버린 내가 아는 길은 두 손으로 꼽을 정도다. 내가 아는 세상의 방향은 동서남북, 딱 네 방향. 그런데 저 아이의 방향은 자기가 스스로 발을 딛는 모든 곳이다. 칼릴 지브란의 시 「아이들에 대하여」가 가슴에 팍 꽂힌다.

당신은 아이들에게 당신의 사랑을 주되
당신의 생각까지 주려고 하지는 말라.
왜냐면 아이들은 그들 자신의 사명을 가지고 태어났기 때문이다.
당신은 아이들에게 거처할 집은 줄 수 있으나
영혼의 거처까지 줄 수 없다.
왜냐면 아이들의 영혼은 당신이 꿈에서도 가볼 수 없는
내일의 집 속에 살기 때문이다.
– 칼릴 지브란, 「아이들에 대하여」 중 일부

넘어지지 않고 갈 수 있는 길이 있을까? 내가 간 길을 내 아이가 그대로 걸어가면 넘어지지 않을까? 남들보다 덜 넘어지면 성공한 삶일까? 내가 꿈속에서도 가보지 않았고, 갈 수도 없는 내일의 집 속에 사는 아이에게 나는 내가 걸어온 길의 지도를 들이댄 것이었다.

그리고 "넘어져서 상처가 나면 아플까 봐." 그랬다고 변명했다. 생로병사(生老病死). 태어나서 죽을 때까지 누구에게나 오는 사건은 늙고 병드는 건데 그걸 이 세상 누가 피할 수 있을까? 이 세상 모든 생명은 태어나면서부터 늙어가고, 걸어가야 하니 넘어지는 건데. 넘어지지 않으려면 차라리 누워만 있으면 되겠네.

교육에 관해서 내게 획기적인 영감을 준 책 『호모 에루디티오』를 쓴 한준상 교수는 배움을 "살아가며 생긴 갖가지 상처가 아물어 가고 있음을 조용히 알려주는 생명의 속삭임, 생의 가(痂, 상처딱지 가)"라고 말한다.[5]

온실 속 화초가 아닌, 무균의 병실이 아닌, 비바람 부는 벌판을 혼자서 걸어가겠다는 아들에게서 나는 또 배웠다.

---

5) 한준상, 『생의 가』, 2013, 학지사.

5

죽지 못해 사는 사람들

내가 자활 참여주민 교육을 처음 시작했을 때였다.

"스물다섯 살에 결혼해서 자식을 6명 낳았는데 2명이 죽었고…." 나이가 60세 넘은 그분. 산전수전 다 겪은 그 여성 참여자의 이야기를 듣고 많이 놀랐다. 어떻게 자기의 아픈 기억을 여러 사람 앞에서 아무런 감정을 섞지 않고 저렇게 무덤덤하게 말할 수 있는지, 당시 나는 이해할 수가 없었다. 중학교 때 처음으로 상갓집을 가서 사람들이 울지 않고 웃는 것을 보았을 때의 느낌이랄까.

살면서 가까운 사람과의 사별을 겪지 않은 사람은 없을 것이다. 애도를 충분히 했다고 여겼어도 그때의 기억이 소환되면 또다시 그 당시 감정으로 날아간다. 나는 아직도 내게 일어난 그때의 일을 잘 꺼내지 않는다. 꺼냈다가는 또 울먹울먹한다. 죽으려고 시도했던 수많은 사람의 이야기를 교육현장에서 들으며 '나도 더 살다 보면 이분처럼 무덤덤해질 수 있겠구나.' 하고 생각한다.

외도, 가정폭력, 알코올의존증. 그 모든 걸 다하고 사는 남편 때문에 고통스러워 자신의 딸과 함께 약을 먹고 죽으려 했던 참여자가 있었다. "엄마, 내일 죽으면 안 돼요?"라는 딸의 말 때문에 그래도 살아보리라 결심했단다. 딸린 게 있으면 죽을 결심을 하는 것이 좀 어렵다. 그게 돌봐줘야 할 자식일 경우에는 더 그렇다.

나도 아침에 눈을 뜨기 싫을 때가 있었다. '아, 내가 왜 눈을 떴지?' 그놈의 햇살, 아침햇살 때문이었다. 침대 옆 창문으로 쏟아지는 햇살. 그것 가지고는 부족했는지 그래도 가슴이 아팠다. 마음이 아픈 게 아니라 내 몸의 가슴이 숨쉬기 힘겨울 정도로 아팠다. 사람들이 울부짖을 때 왜 가슴을 만지는지 그때 알았다. 침대 아래에서 자고 있던 네 살짜리 아들이 침대 위로 기어올라와 내 가슴에 안겼다. '그래, 살아야 하는 거구나.'

어딘가에 자기 이야기를 하면 좀 낫다. 아픔은 지극히 주관적인 것이기에 다른 사람에게 말하면 자기 상황이 스스로 이해되고 정리되며 치유된다. 당시 인터넷 '프리챌'에 대학 동창들의 모임방이 있었는데 거기에 내 심정을 글로 썼다. 몇 년이 지난 후 과 동기 모임에서 한 친구가 내가 쓴 글을 말하면서 자기도 마음이 아팠다고 말하는데 고마웠다. 그 친구는 지금도 가끔 만나면 그때 내 가슴으로 기어올라왔던 아들의 안부를 묻는다.

주변에 나의 사정을 말할 곳이 없었던 것은 아니다. 그런데 자주 만나는 사람은 똑같은 이야기를 자주 들어 내성이 생겼는지 공감력이 떨어진다. 내 아픔의 게이지는 내려가지 않았는데 자주 듣는 이들은 강도가 떨어진다. 그래서 나를 잘 모르는 사람, 내 상황을 알지 못하는 이들에게 내 이야기를 하는 것이 도움이 될 때가 있다. 자신의 이야기를 다른 이에게 털어놓으면서 사람들은 스스로 치유된다. 격려, 지지, 위로의 말은 필요하지 않다. 그냥 잘 들어주기만 하면 된다.

"우리가 서로에게 자신의 이야기를 할 때, 우리는 동시에 자신의 삶의 의미를 발견하고 고립과 외로움으로부터 치유된다."
- Sam Keen & Anne Valley-Fox

나는 죽으려고 시도해 본 사람들을 교육현장에서 자주 만났다. "지금 여기까지 오신 것만도 정말 대단한 거예요. 죽지 않고 살아 있다는 것도 그렇고요."라고 그들에게 말하는데 참여자 한 분이 그랬다. "선생님 죽는 게 쉽지 않아요. 죽으려고 약을 먹었는데 잠깐 정신이 돌아왔나 봐요. 아, 글쎄 제가 어느새 입속에 손가락을 넣어 토하고 있더라고요. 그리고는 살겠다고 벽을 긁고 있는 거예요. 목숨 참 질깁디다. 쉽게 죽지 않아요. 잘 죽지 않으니, 차라리 그 기운으로 사는 게 낫더라고요."

죽는 거 그리 쉽지 않다. 노년의 삶과 죽음을 그린 프랑스 영화, 〈아무르(2012)〉. 반신불수에 치매까지 걸린 부인 안느를 요양원에 보내지 않고 남편 조르주는 집에서 직접 간호한다. 그러다 부인이 갈수록 고통스러워하는 것을 견디기 힘들어 베개로 입을 막아 질식사시킨다. 숨이 끊어지기 직전, 안느가 죽지 않으려고 발버둥 친 장면이 인상적이다. 죽을 만큼 아파서 차라리 죽는 게 낫다고 생각했을 터인데 막상 죽음 일보 직전에 살려고 발버둥친다.

내가 좋아하는 수녀님은 "나이 70이 되면서 나도 세상을 버리고 세상도 나를 버렸습니다."라고 흔쾌하게 말씀하신다. 두 가지 중 어떤 것이 먼저 우리에게 올까. 내가 세상을 버리는 것? 아님, 세상이 날 버리는 것? 나는 세상이 날 버릴까 봐 아직은 두렵다. 세상에서 밀려나지 않으려고 기를 쓰며 산다. 떡에 붙은 떡고물이라도 되려고 사력을 다하며 사는 게 인생인가? 잘리기 전까지는 꼬리라도 되려고 온갖 방법을 다 써서 몸통에 붙으려 애를 쓰며 산다. 씁쓸하다.

사람들 모두 다, 피라미드 꼭대기에 오르려고 노력한다. 드라마 〈SKY 캐슬〉.[6] 거대한 피라미드 모형을 집에 가져다 놓고 두 아들에게 '사는 건, 이겨서 피라미드 꼭대기에 올라가야 하는 거'라며 훈계하는 차민혁 교수를 보며 우리 모두 찔끔했을 거다. 누구도 그 피라미드 논리에서 자유롭지 못했을 테니까. 선의의 경쟁, 공정한 경쟁, 능력에 따른 분배라는 이름으로 정당화되었지만 우린 모두 그렇게 산다.

이 드라마 마지막 장면. SKY 캐슬 안에 있는 여러 가족 중, 그래도 좀 마음의 여유를 갖고 사는 진진희, 우양우 부부의 아들 수한이가 피라미드의 중심은 중앙(가운데)에 있다고 말한다. 작가가 말하는 의도를 모르는 것은 아니지만 그리 큰 위로가 되지는 않는다. 꼭대기에 있는 사람들은 피라미드를 지탱하는 가운데 있는 사람들에게 감사하라는 말인가? 아니면 그 체제를 지탱하는 것이 가운데니 중간쯤이라도 하자는 마음으로 여유롭게 살라는 건가? 하여간, 기를 쓰면서 꼭대기로 올라가지 않아도 된다는 메시지를 주려고 한 것 같은데 설득력이 좀 부족하다. 이미 피라미드를 상정하고 있으니 답이 그럴 수밖에.

죽으려고 여러 번 시도했던 사람들. 내가 교육에서 만난 참여자들은 피라미드 바닥에 깔린 사람들이다. 온 가족이 함께 연탄가스를 마시고

---

6) 2018년 11월 23일~ 2019년 2월 1일까지 JTBC에서 방영된 드라마. 고급 빌라 SKY 캐슬에 모여 사는 대한민국 상위 0.1% 사람들의 이야기.

죽으려고 시도했다가 잠깐 정신이 든 사이에 문을 박차고 아이들을 끌어냈다는 분, 한강에서 자살 시도를 했는데 죽어지지 않고 구조되어 벌금만 여러 번 물었다고 웃으며 이야기하시는 분, 남편과 사별한 후 칼로 손목을 그어 자살기도를 했을 때 손목 위에 떨어진 동생 눈물의 뜨거움을 아직도 선명하게 느끼고 계신 분. 모두 다 피라미드 아래 깔려 숨쉬기가 힘들어 차라리 죽으려 했던 것이다.

우리 사회가 피라미드인 한, 누구든 저 아래 깔린다. 맨 꼭대기에 있는 사람부터 내려오든지 아니면 중간에 있는 사람들이 힘을 모아 위를 허물고 내려오는 방법밖에 없다. 1990년대까지는 그 방법이 좀 통했던 것 같다. 그때는 중간층이 여유와 품위가 있었다. 이제는 너, 나 가릴 것 없이 '먹고사니즘'에 빠져 그럴 엄두를 내지 못하니 맨 아래 있는 우리들은 내 위에 있는 피라미드를 견뎌낼 맷집을 키울 수밖에.

맷집을 키우는 방법 두 가지. 첫째, 날 버린 세상을 원망하거나 노여워하지 않기. 원망스럽지 않아서가 아니다. 원망하느라 아까운 시간 낭비하는 것이 싫고 스트레스 때문에 내 몸이 상한다. 둘째, 내일은 잘될 것이라는 희망 버리기. 노력하면 잘된다고? 지나가던 개가 웃는다.

개도 아는 걸 그동안 나만 모르고 살았다. 러시아 시인 푸쉬킨이 노래한

"삶이 그대를 속일지라도
노여워하거나 슬퍼하지 말라"

는 말은 거기까지만 OK할 것. 그 뒤에 따라 나오는

"슬픈 날엔 참고 견뎌라
즐거운 날이 오고야 말리니"

는 잊어버릴 것. 즐거운 날은 오지 않는다. 피라미드 맨 아래층에서 온몸으로 지탱하고 있는 분들에게 지금 여기서 즐거워하자는 말은 차마 못하겠다. 그냥 삽시다. 그리 말할 수밖에.

6

'저기'가 있다고 믿는 것이 나은 것일까?

여기가 힘들어서 '저기'를 보았다. 나도 그리 살았고 엄마도 그랬다. 지금 여기가 아닌 '저기'가 있다고 생각하면, 지금 여기서 당하는 고통이 조금은 덜 느껴진다. 내 엄마는 어깨에 짊어진 삶이 무겁게 느껴질 때마다 교회당에 가서 눈물로 기도했다. 울부짖었다. '저기'에 계신 하나님께 간구했다. 남편이 술에 취해 폭력을 행사할 때, 막내딸이 뇌막염으로 죽었을 때, 딸이 대학에 떨어졌을 때, 아들이 방황하고 집을 나갔을 때…. 교회당은 엄마의 피난처이자 상담실이었다.

이 지구에 사는 사람 누구도 지금의 내 마음, 고통을 모른다. 역지사지(易地思之)라고? 서 있는 땅(곳, 地)이 서로 다른데 어떻게 알 수 있겠는가? 알려고, 이해하려고 노력할 뿐이다. 고통스러워도 살아야 하니 사람들은 '저기'에 있는(있다고 믿는) 신에게 의지하며 산다. 어딘가에 기대야 살 것 같은데, 누군가에게는 하소연해야 할 것 같은데 나를 아는 사람, 사회적 좌표 안에 있는 그 누구에게 말하기는 싫다. 그때는 차라리 있다고 믿는, 믿고 싶은 신에게 말하는 것이 낫다.

지지리도 복이 없어서일까. 엄마의 간절한 바람, 기도들은 대부분 이뤄지지 않았다. 내 엄마가 믿는 하나님은 왜 자꾸 엄마를 비껴가셨을까? 기도하는 것이 이뤄지지 않을 때마다 엄마는 믿음이 부족해서라고 자신을 탓하셨다.

그렇게 기도하던 엄마가 노인이 되셨다. 허리는 굽을 대로 굽었고, 몸의 수분은 빠져나가고 웃을 줄도 모르고 눈에서는 빛이 사라졌다. 이제는 성경책도 잘 안 읽으신다. 믿었던 하나님은 엄마의 노환(老患)에 어떤 힘이 되지 못한다.

입으로는 "항상 기뻐하라, 쉬지 말고 기도하라, 범사에 감사하라"고 주문 외우듯 하지만, 소멸해가는 육체는 웃지도 않고 감사하지도 않는다. 엄마를 탓하는 건 아니다. 엄마가 믿었던 그 하나님은 어디 계시는지 원망스러워 그런다. 그것이 비록 거짓이었더라도 엄마가 이 세상을 사시는 동안은 그 '믿음'으로 힘이 생겼으면 해서다.

나는 교육현장에서 질병, 빈곤과 싸우다 지친 상태에서 신앙생활을 하며 다시 힘을 내는 분들을 자주 만났다. 고시원, 쪽방, 단칸방에 살아도 얼굴빛에서 희망이 보이는 참여자들 가운데 많은 분들이 신앙인, 특히 기독교인들이었다. 지금 여기의 고통을 잊기 위한 '저기'가 그들에게 마음의 위안을 준 것일까?

저~~어기. 그래, 환각제처럼 '저기'가 지금 여기의 고통을 잊게 했다면 그래서 목숨 끊지 않고 숨 쉬고 살 수 있게 한 것이라면 그것이 외재화(外在化)된 신이라도 고맙다.

저기에 있는 천국만이 내 집은 아닌데, 지금 여기의 삶이 고통스러우니 우리는 자꾸 '저기'를 찾는다. '저기'가 있다고 믿으며 지금 여기서의 고통을 참는 그들에게 "지금 여기가 다야. 육신의 몸이 죽어서 가는 영원불멸의 그런 곳, 천국 같은 건 없어."라고 말하면 그들은 이 세상을 어떻게 살아갈까?

아직도 나는 그 눈빛을 잊을 수 없다. 영화 〈죽은 시인의 사회〉에서 친구 닐이 억압적인 아버지와 대화하던 장면에서 말이다. 미국의 명문 사립고등학교인 웰튼 아카데미 학생인 닐은 국어 선생으로 부임한 존 키팅 선생님의 영향으로 부모님이 원하는 대학과 직업이 아닌 자기 자신이 원하는 삶을 살기 시작한다. 카르페디엠(Carpe Diem). 오늘을 즐기기 시작한다.

연극 같은 거 하지 말고 공부하라고 강요하던 아버지와의 마지막 대화에서 그는 절망한다. 나는 그때 그 배우의 눈빛을 보고 직감했다. '아, 죽겠구나.' 절망은 죽음이다. 그 죽음을 이겨내는 것이 부활인데, 닐은 그 고통을 견디지 못했다. 자살함으로써 그 절망을 비켜 갔다. 그렇지만 함부로 말하지 않으련다. 절망을 철저히 겪어내는 것이 힘든 일임을 알기에.

　예수는 그 길을 갔다. 다 갔다. 끝까지 갔다. 예수의 부활은 몸이 죽었다가 다시 살았다는(몸과 영혼이 나란히 있는 게 아니라 혼합된 것이기에 영혼이 살았다는 것은 몸이 다시 산 것으로 나는 이해한다) 의미가 아니라 살아생전에 그가 이미 죽었다는 말이다.

　예수는 자기의 죽음을 알고 죽었다. 그렇게 자기 삶을 완성했다. 그래서 부활한 거다. 예수는 이미 죽음으로 달려간 거다. 사망, 어둠, 죽음에 지지 않고 지나간 거다. 거쳐 간 거다. 뚫고 갔다. 장막을 찢은 거다. 죽었으니 부활한 거겠지. 사람들은 죽지도 않으면서 부활하려고 한다. 공짜 심보다. 부활은 초월이며 초월은 그 과정을 다 겪는 거다. 지금 여기를 충분히 사는 것이다.

　끝까지 가기. 겪어내기. 그러다 보면 본질에 가닿는다. 심장 소리를 들을 수 있다. 예수는 초월한 사람이다. 그는 아버지의 나라를 보았을 것이다. 심장이 뛰는 소리를 들었다. 생각, 관념에서 허우적대지 않고 생각의 끝까지 가서 우주의 심장 소리를 듣는 것, 생명의 약동을 느끼는 것. 그게 초월이겠지. 초월한 사람의 눈빛은 그윽하고 낯빛은 경건하다.

인간은 경험해야 그 무엇을 안다. 먹어보고 만져봐야 그것을 안다. 육체의 인간이기에 그렇다. 그렇다면 보아도 보이지 않는 세계, 만져도 만져지지 않는 그런 세상을 인간의 언어로 어떻게 알까? 인간에게는 그 세계에 대한 염원이 있었다. 그 염원이 만든 이야기가 종교가 된 거다. 그렇다고 그 세계가 완전 거짓은 아니다. 참은 거짓에서 태어난다.

그 세계를 어떻게 갈까? 침묵이다. 테레사 수녀도 그랬다. 침묵은 하나님의 언어라고. 아… 우리는 너무 많은 말을 하고 산다. 생성(生成)하는 세계에서 건져낸 말이 아닌, 자꾸 말이 말을 낳는다. 거짓의 말들, 가짜 뉴스. 서로 가짜이면서 '네가 가짜다'라고 삿대질한다. 우긴다.

어떻게 그 세계에 갈까? 끝까지 가는 것, 겪어내는 것. 겪어낸다는 건 지금 여기에 사는 것이다. 사람들이 진정 자기의 상황을 겪어내는가? 아니다. 우리의 감각은 죽었다. 생각이 우리의 감각을 지배한다. 음식을 먹어도 맛을 못 느낀다. 소리도 안 들어온다. 우리가 사는 세상에 얼마나 다양하고 섬세한 소리들이 있단 말인가. 그런데 우린 몇 안 되는 소리만 듣고 산다. 그것도 개념, 관념으로 듣는다.

듣는다는 것은 거기에 가닿았다는 뜻이다. 잠시나마 일치를 느끼는 것이다. 우리는 잘 듣지 못한다. 내 생각, 내 이야기, 내 이데올로기로 그것에 색을 칠한다. 당연히 너를 만나지 못하는 거겠지. 내가 만난 너야말로, 그래서 하나가 되었을 때야말로 초월한 것일 텐데. 오르가즘을 못 느끼고 살듯 초월을 경험하지 못하고 살다가 그렇게 육신의 몸이 죽는다.

도대체 이 몸, 몸뚱이는 무엇이란 말인가? 숨은 쉬지만 심장 소리를 듣지 못한다면 그건 단순한 고깃덩어리다. 움직이는 고깃덩어리. 사람들은 몸을 천시하면서도 영혼이 갇혀 있는 곳이라 생각하면서도 몸의 죽음을 두려워한다. 몸이 죽어도 영혼은 죽지 않는다고 여기면서도 아등바등 이 세상에 살아남으려고 한다. 저세상이 있다고 크게 말하면서도 이 세상에서 모으고 축적하고 죽이고 난리법석이다.

우리는 진정 저세상을 믿는 것일까? 저세상이 정말 좋으면 지금 죽어서 가면 될 터인데 죽지 않으려고 다들 기를 쓴다. 거짓이다. 저기, 피안의 세계를 믿지 않는 거다. 그렇다면 '지금 여기'의 세상은 믿는 걸까? 아니다. 아이고…. 그럼 도대체 우리는 어디를 사는 걸까? 지금 여기가 하늘나라고 지금 여기를 철저하게 겪어내며 끝까지 가면 그 나라에 도달하는 것일 텐데 말이다.

드라마 〈나의 해방 일지〉[7]에서 염미정과 구씨는 진짜 달빛을 방해하는

---

7) JTBC에서 16부작(2022.4.9.~5.29)으로 방영한 드라마. 서울로 출근하기 위해선 마을버스를 타고 근처 전철역까지 나와야 하는 곳(경기도 외곽, 수원 근처 시골 마을)에 사는, 염미정, 염기정, 염창희 세 남매의 일과 사랑에 관한 인생 드라마.

문명의 상징인 가로등을 깬 후, 달빛을 온전히 보기 위해 한밤중, 동네 언덕을 오른다. 언덕길 양 옆에 있는 갈대가 바스락바스락거리는 소리를 들으며 언덕을 오르는 염미정이 혼잣말을 한다.

"죽어서 가는 천국, 난 그런 거 안 믿어."

이 드라마에서 사람들은 섹시하고 독특한 캐릭터인 구씨만 보였나 보다. 새겨듣고 생각할 말들이 수두룩한데 '추앙하라' 하나만 뜬 것 같아서 안타깝다.

7
이름표가 있어야 존재하는 것일까?

"선생님은 워크숍을 진행할 때 왜 사람들에게 이름표를 붙이라고 해요?" 내가 이 길을 가는데 많은 통찰을 준 선생님이 나에게 물었다. 시 · 도의원 워크숍을 진행하러 가는데 이름표를 준비 못 했다. 약속이 있어 들른 모임에서 혹시 그곳에 이름표가 있는지 물었더니 그가 나에게 질문한 것이다.

순간 당황했다. 저렇게 정면으로 치고 들어오니 나도 솔직하게 말해야한다. "저 편하라고 하는 거죠. 사람들 이름을 알면 불러줄 수 있고 기억하기도 좋잖아요. 제가 프로그램 진행할 때 수월하죠." 그리고 내내 생각했다. 나는 왜 교육 워크숍을 진행할 때 굳이 참석자들의 이름을 알려고 할까?

교육현장에서 참여자들을 만날 때 이름을 알면 그들을 파악하는 것이 쉽다. 학습자들이 내 눈에 쏘옥 들어온다. 지속적인 대화로 이끌어가는 프로그램이라 그들에게 말을 걸 때 한 명, 한 명의 이름을 불러주면서 관계를 맺는다.

나태주 시인이 시「꽃들아 안녕」에서 말했다.

꽃들에게 인사할 때
꽃들아 안녕
전체 꽃들에게
한꺼번에 인사를 해서는 안 된다
― 나태주, 「꽃들아 안녕」 중 일부

이처럼 그들 한 명 한 명에게 눈을 맞추며 안녕, 안녕 그렇게 인사하고 싶어서다. 학습자들이 이름표를 달고 있으면 그게 쉽다.

교육 참여자들이 이름표를 부착하는 것에 저항한 적도 몇 번 있었다. "우리가 뭐 초등학생이냐?"며 화를 내기도 하고 자기가 입은 옷이 상할까 봐 옷핀으로 된 명찰 달기를 거부하는 경우도 있었다.

이런 문제 제기가 많았는지 이제는 어느 포럼이나 워크숍을 가더라도 목에 거는 이름표를 많이 사용한다. 그런데 이 이름표의 끈이 길어서 학습자들이 앉아 있으면 내가 그들의 이름표를 볼 수 없어 답답하다. 학습자들에게 이름이 잘 보이도록 목에 건 끈을 좀 줄여달라고 부탁하는데 가슴까지 끈을 줄이면 미관상 보기가 좋지 않아 내 마음이 불편하다. 나는 왜 이들에게 이름표를 달아 달라고 할까? 그 질문을 계속한다.

'학습자들이 서로를 아는 친숙한 집단인 경우 굳이 이름표를 부착할 필요가 있는가?'라는 문제 제기도 받았다. 이 경우는 백 퍼센트 교수자인 나 한 사람을 위한 것이다. 인정한다. 하지만 참여자들이 서로를 모르는 첫 대면일 경우, 서로의 이름을 알면 친해지기 쉽다. 일단 'ㅇㅇㅇ 선생님' 하고 서로를 부를 수가 있다.

시인 장석주가 "우리는 어머니의 자궁에서 벌거벗은 몸뚱이로 밀려나오면서 한 번 태어나고, 이름을 받고 사회적 생명을 얻으면서 두 번 태어난다."[8]고 말한 것처럼, 교육 워크숍에서 서로의 이름을 부른다는 것은 참여자 한 명 한 명의 존재를 그 공간에 불러들이는 행위다. 김춘수 시인의 말처럼 "내가 너의 이름을 불러주었을 때 너는 나에게로 와서 꽃이 된다."

---

8) 장석주, 『은유의 힘』, 다산책방, 2017.

프로그램 초반에는 주민등록증에 기재된 이름으로 부른다. 김영미, 한동녘, 김복순, 김현숙…. 프로그램이 진행되면서 점차 참여자들이 자기 이야기를 하게 되면, 그때 그들 각자의 빛깔과 향기에 어울리는 이름을 만들고 부른다.

자기가 스스로 자신의 별칭을 짓는 거다. 인생 직진의 소신이 담긴 '유턴 금지', 쉼 없이 달리고 싶은 마음을 드러낸 노 브레이크 '덤프트럭', 이제 인생 부드럽게 살고 싶어서 '솜사탕', 머리가 백발인데 대포 마시는 것이 유일한 낙인 '백발대포', 인생 말년에 발견한 깨달음을 표현한 '돌 틈에서 만난 꽃'.

이렇게 자신의 외모, 성격, 기호, 바람 등의 특성이 잘 표현된 이름을 짓고 발표하고 나면 교육장에 활기가 감돈다. 뇌는 말랑말랑해지고 참여자들이 서로에게 친밀감을 갖고 깊이 교류할 수 있게 된다. 주민등록증에 적혀 있는 상대의 이름은 몰라도 된다. 그 공간에 있는 참여자들 한 명, 한 명은 서로에게 별칭을 불러주면서 자기 자신의 개별적인 특성을 발견했기 때문이다.

내가 진행하는 프로그램은 참여자들이 서로 관계를 맺어가며 자신을 탐색하고 표현해 가는 것이라 서로의 이름을 불러주는 것이 중요하다. 이름을 불러주는 것은, 존재의 세계로 들어오는 행위이기 때문이다.

이름을 알고 부르는 것에 대해 한 번도 의문을 가진 적이 없었다. 그런데 "왜 워크숍을 진행할 때 학습자들에게 이름표를 붙이라고 하냐?"는 질문을 받은 후 세계와 존재에 대한 철학적 궁금증이 생겼다.

오래전 '회복적 생활교육' 프로그램에 참여했는데 이름표를 달지 않은 참여자들이 자기 앞에 책상을 두지도 않고 둥그렇게 둘러앉았다. 그 어떤 활동지도 사용하지 않고 몇 개의 질문만 갖고 진솔하게 자기 이야기를 한다. 그때 생각했다. '어, 이런 독특한 분위기는 뭐지?'

말하는 이의 이름을 알지 못해도 그 프로그램의 진행자와 참석자들은 답답해하지 않았다. 참석 인원이 작아서일까…. 꼭 그 이유만은 아니었다. 원으로 둘러앉은 교육장의 세팅, 서로의 이야기를 진정으로 잘 들어주고 공평하게 1/N로 말하는 진행 방식 때문이었다. 굳이 서로의 이름을 부르지 않아도 그 자리에 각각의 존재를 초대한 것이었다. 그때 나는, 우리들이 개별자로서의 존재감을 느낄 수 있는 방법에는 서로의 이름을 불러주는 것만 있는 것이 아니란 걸 알았다.

인간 존재에 이름이 붙자마자 동시에 사회적 좌표와 소속, 지위, 직위가 부여된다. 관이나 정치인들이 주최하는 행사에 가면, 참석자를 소개할 때 그의 이름만이 아니라 지위, 직위까지 동시에 부르는 것을 볼 수 있다. 이들은 이름을 부르는 순서에도 아주 예민하게 반응한다. 행사에 참석한 내빈 중에서 누구를 제일 먼저 호명하는가에 자존심을 건다. 인간 세계에는 이름, 위계질서가 있어서 그렇다.

소설 『삼국지』 주인공 중 한 명인 유비도 이름에 꽤 신경을 쓴 사람인가 보다. 제갈량을 책사로 삼기 위해 삼고초려(三顧草廬)한 유비가 처음 제갈량을 방문했을 때, 그 집 아이에게 자신을 이렇게 소개한다. "한(漢)의 좌장군(左將軍)에 의성정후(宜城亭侯)요, 예주목(豫州牧)이자 황제의 아재뻘 되는 유비가 특히 선생을 뵈러 왔다고 전해라."

유비는 자신의 벼슬 이름에 황제의 아재뻘이라는 인맥까지 과시하며 자기를 소개하지만 아이는 단순 명쾌하게 말한다. "그 많은 직함을 다 욀 것 같지 않습니다. 반드시 그걸 다 전해야 됩니까?"

와~우. 이 아이의 배짱이 부럽다. 배짱인지, 눈치가 없어서 그리 말한 건지는 모르겠으나 그 아이를 따라 배우고 싶다. 할 수 없이 유비는 "그럼 유비라는 사람이 찾아왔다고만 말씀드려라."라고 말한다.[9] 진즉에 그리 말할 것이지. 존재의 세계에 들어와 부여받은 이름 하나로만 족하고 살 일이지 뭔 놈의 지위, 직책, 업적 이런 것을 주렁주렁 달고 다니는지.

인간이라서 서로에게 이름을 붙인다. 자연 만물은 그냥 존재한다. 활동한다. 개나리, 진달래, 다람쥐, 고양이, 바위…. 이 이름들은 우리 인간들이 붙인 거지 그것들은 자신의 이름을 모른다. 이름 없이 하나 됨을 느끼는 그런 자리를 꿈꿔본다.

---

9) 나관중, 『삼국지 5권 세 번 천하를 돌아봄이여』, 이문열 평역, 알에이치코리아, 1988.

8
모양 빠지지 않게 사는 거 쉽지 않네

나 같은 프리랜서에게는 못된 습관이 생긴다. 시간을 돈으로 계산하는 버릇이다. 목구멍이 포도청이라 변명하며 자신의 신념을 접고 사는 사람들을 비판할 처지가 못 된다. 교육이 장사가 되었다고 한탄하면서 잘나가는 강사들이 녹음기 틀어놓은 듯, 자기 콘텐츠를 무한히 재생한다고 비난할 입장도 아닌 거다. 나도 마찬가지면서 누구에게, 어디에 손가락질하랴. '입 다물고 살아야지.' 하며 자책한다.

의뢰 들어오는 교육의 강의료가 대부분 '시간당 얼마'로 책정되다 보니, 강의가 아닌 각종 회합에서 나를 부를 때는 일단 경제적인 이윤부터 생각하게 된다. 물론 내가 필요하다고 생각해서 주창한 일을 꾸며가거나 좋아하는 사람을 만날 때는 그렇지 않다.

매주 고정된 요일에 8회차 교육을 하는 곳에서 생긴 일이다. 처음 의뢰를 받았을 때 주저했다. 나 같은 프리랜서에게 고정된 일이 잡히는 건 부담이 될 때가 있다. 다른 교육 의뢰 날짜와 겹치게 되면 머리가 복잡해진다. 그쪽에서 제시한 강의료가 크게 만족스럽지는 않았지만 아주 부족한 것도 아니기에 수락했다.

2회차를 진행한 후 실무자에게 연락이 왔다. 강의료 지급 기준을 잘못 알았다며 죄송하다고 말한다. 애초에 내게 제시한 것과 차이가 많이 났다. 가뜩이나 고정으로 나가는 것이 꺼려졌는데 강의료까지 차이가 나다니…. 순간 당황하고 기분이 언짢았다. '괜찮습니다.'라는 말을 바로 하지 못했다.

일을 하다 보면 착오와 실수가 있을 수 있다. 그것을 탓하느라 금방 '괜찮다'는 말을 하지 않은 건 아니다. 애초 이 교육을 하기로 결정했을 때, 내 선택의 기준이 있었기에 그것을 다시 지금의 상황으로 돌려놓느라 시간이 걸린 것이었다.

음…, 이 정도의 사람이니 이 정도는 받아야 한다는 건 아니다. 난 전문가주의를 반대하는 사람이니까. 하지만 아직까지는 생계형으로 살다 보니 한 달에 얼마를 벌어야 한다는 강박이 있다. 더구나 주말도 아닌 주중에 8회차를 고정으로 빼는 것은 상당한 부담이었다.

이번 일은 내가 선택한 삶의 방식을 다시 되돌아보는 계기가 되었다. 나는 집을 소유하는 것과 안락한 노후생활을 포기했다. 하지만 매 순간 정신을 부여잡지 않으면 나태해진다. 내 안의 속물근성이 스멀스멀 올라온다.

집을 소유했을 때도 있었다. 하지만 어찌어찌해서 팔게 되었다. 그 후로 나는 열심히 일했다. "당신 그렇게 일하다간 굵고 짧게 살 것 같아."라는 말을 들을 정도로 일했다. 총량의 법칙대로 평생 쓸 기운을 한꺼번에 다 써서 일찍 죽을 거 같다는 말을 들어도 괜찮았다.

어느 날 아침 눈을 떠, 너무 열심히 사는 나를 보았다. 안쓰러웠다. 죽어라 일해도 매년 뛰는 전셋값을 따라잡지 못했다. 그래, 포기하자. 두 가지를 포기하면 생활에 여유가 생긴다. 집을 소유하는 것과 편안하고 안락한 노후생활이다.

무엇인가를 소유하면 구속이 될 때가 있다. 자기가 소유한 것을 지켜내기 위해 같은 이해집단의 이해에 동의하지 않지만 결탁해야 할 때도 있다. 집이 없다는 건 한쪽 면에서 보면 자유로운 삶일 수도 있다.

주변 사람들이 그래도 집은 있어야 하지 않느냐고 걱정하면서 나를 꼬드긴다. "아이고, 자기 삶의 방식을 지켜가기가 이리 힘든 거구나." 그때마다 나는 그들에게 말한다. "걱정 마, 내 나이 65세 되면 사회에서 '주거약자'로 분류되니까 그때, 임대주택 알아볼게." 혹은 "지금 여기 전세 올라서 못 살게 되면 다른 곳으로 이사 가지. 뭐."

또 하나 포기한 건 안락한 노후생활이다. 많은 사람들이 노후생활에 대해선 거의 공포에 가까운 두려움과 끊이지 않는 걱정을 안고 산다. 오직 노후를 위해 사는 사람들처럼 보일 때도 있다. 아직 오지 않은 내일을 사느라 정작 지금 여기 내게 주어진 것들을 보지 못한다. 이리 말하면 지인들이 말한다. "네가 아직은 건강하구나, 창창하구나, 아직 세상을 모르는구나."

경제적으로 안락한 노후생활을 포기할 수 있었던 건, 나이 들어 내 힘으로 못 벌어먹게 되면 남들에게 얻어먹고 살아야겠다고 결심한 후의 일이다. 물론 주는 대로 받아먹을 거다. 불교에서 탁발승들이 그리하듯 나도 남들이 안 주면, 안 먹는다. 받아먹을 때는 나에게 먹을 걸 준 그 사람의 얼굴은 기억하지 않는다. 그들이 나에게 주면 그저 고맙다고 말하면 된다.

이렇게 삶의 신조를 세웠음에도 그놈의 강의료를 가지고 신경을 곤두세웠으니 참말로 모양 빠지는 일이다. 처음 이 일을 했을 당시는 시간당 얼마로 계산된, 내 강의료가 황송하고 죄송했다. 그런데 지금은 그 마음이 옅어진 걸 보니, 때가 많이 묻었다. 사실 재능기부로도 할 수 있는 교육이었는데 말이다.

나는 늘 밥벌이와 내가 하는 일의 의미 사이에서 줄타기를 한다. 아직은 젊으니 모양 빠지지 않게 살아야겠다고 다짐한다. 비록 그 자리에서 "괜찮습니다."라는 말은 못했지만 이렇게 자꾸 나를 돌아보다 보면, 나의 의지와 상관없이 벌어지는 상황에서도 당황하지 않고, 내가 알 수 없는 타자에게도 나를 조금씩 맞추어갈 수 있을 것 같다.

내게 가르치지 마

배움이 가르치는 자·전문가의 권위에 저항한다.

전통적인 학교기관의 담장을 넘어 여기저기서 배움이 춤춘다. 인간의 본성 가운데 하나인 배움이 지금처럼 활개를 친 적이 있었을까? 학이시습지 불역열호(學而時習之 不亦說乎), 공자님이 지금 세상에 오신다면 놀라실 거다.

그러나 아직도 국가, 교육기관, 각종 제도는 인간의 배움을 규정되고 통제한다. 제도는 처음 생겼을 때만 신선하고, 곧바로 사람들이 엮여 살아가는 현실을 억압한다. 익숙함에 길들여진 사람들의 의식은 게으르고 지배계층의 이해와 결탁한 '가르쳐야 한다'는 이데올로기는 참으로 강고하다.

2부, '내게 가르치지 마'는 제도 속에 갇힌 '배움'을 해방하고자 하는 마음으로 기획했다. 학습자의 변화를 의도하는 교육목표, 계획된 교과과정인 교재와 매뉴얼, 권력자의 도구인 평가, 교실에만 한정된 학습, 설명하는 사람인 교수자 등의 키워드를 통해 배움의 진정한 의미와 방식을 고민한다.

1

교실 밖으로

추운 겨울, 밖으로 나가기 귀찮아 종일 집구석에만 있다가 현관문을 열고 밖으로 나왔다. 싸한 기운이 혼탁한 머리를 깨운다. 나쁘지 않다, 아니 좋다. 우리에게 '밖'이 있다는 것에 새삼 감사함을 느낀다. 밖에서 이 사람, 저 사람 만나면서 상처로 받은 말을 품고 집으로 들어간다. 편안하고 따뜻하다. 이제 아무도 나에게 이래라, 저래라 하지 않는 공간에 들어왔다. '안'이 있다는 것이 이리 좋을 수 없다.

'안'이 있어 '밖'이 있고 '밖'이 있기에 '안'이 있을 수 있는 것이건만, 그동안 우리 교육은 '안'에만 안주해왔다. 안과 밖을 들락거리며 호흡해야 함에도 닫힌 시스템 '안'에만 머물러 숨이 막힐 지경이다. 배우는 공간은 아직도 교실이며 가르치는 이는 교수, 교사, 강사다.

거리로 나온 노래

몇몇 곳에서 물리적 공간인 학교 교실을 벗어난 배움을 시도한다. 서울시의 평생학습 슬로건 '서울시가 학교다'나 '모두의 학교'가 그렇다. 이 또한 제도교육 밖에서 일어나는 비형식 교육으로 기획된 프로그램이긴 하지만, '배움'을 공적인 교육기관을 넘어선 지역사회 현장으로 끌어내고, 배움의 주체를 학생만이 아닌 누구나, 모두로 확대했다는 점에서 참신하다.

교실 '안'에서의 배움은 근대 산업사회의 산물이다. 이제 우리 사회의 교육은 학교와 교육부라는 조직화된 기구와 제도 중심으로만 운영되지 않는다. 그동안 우리가 배웠던 전통적인 집단은 해체되기 시작했고 낱낱의 개인이 스스로 배우는 사회로 접어들었다. 학교로 불러내지 않아도 알아서 배우는 세상이 되었다. 그러니 이제 '배움'을 살아 숨 쉬는 사람들의 세상, 사람들이 부딪히는 거리로 보내주어야 하지 않을까?

매년 봄마다 "봄바람 휘날리며 흩날리는 벚꽃 잎이 울려 퍼질 이 거리를 우우 둘이 걸어요" 하는 버스커 버스커의 〈벚꽃 엔딩〉이 흘러나온다.

거리공연, 공공장소에서 행해지는 공연을 뜻하는 버스킹(Busking)과 그 공연을 하는 사람인 버스커(Busker)는 아주 오래전부터 있었다고 한다. 지금도 길을 걷다 보면 사람들이 많이 오가는 거리에서 기타를 치며 노래하는 사람들이 있다. 그들은 음향시설 빵빵하고 잘 꾸며진 무대, 열광하는 팬들 앞이 아닌, 지나가는 행인들의 거리에서 노래한다.

버스킹 공연은 그냥 거기를 지나가는 사람들이 관객이며 관객의 요구에 따라 다른 것을 선보일 수도 있다. 반면 실내 공연은 여러 가지 장비가 세팅되어 있고 계획된 순서를 정확히 지킨다. 실내 공연은 시간과 공간을 통제하는 교실수업과 같다.

노래는 어디서 왔을까? 나와 너, 우리 삶에서 왔을 터인데. 이제 우리는 노래와 음악을 텔레비전, 라디오, 음반, CD로 듣는다. 음반, CD도 한물갔다. 요즘은 음원으로 듣고 노래방에 가서 노래한다.

노래와 음악이 소수 직업인의 것이기 전에는 지금보다 더 많은 사람이 뮤지션이었을 터인데, 이제는 가수, 작곡가, 피아니스트, 바이올리니스트라는 이름이 붙는 사람의 전문적인 일이 되었다. 가수들의 노래는 정교한 음향시설을 갖춘 녹음실에서 만들어져 음원으로 유통된다. 그들은 음향, 조명, 무대가 잘 꾸며진 곳에서 자기 돈을 내고 입장한 관객들 앞에서 노래하고 춤춘다.

최근에는 갇힌 공간에서만 노래하던 가수들이 길거리로 나왔다. 그들은 가수로 등용되지 않은 사람들의 공연장인 거리로 나와 기타치고 하모니카 불면서 노래한다. 노래와 음악이 탄생된 곳, '밖'으로 나가 신나게 노래한다. 광장문화가 이들을 거리로 불러낸 거다. JTBC에서 방영한 〈비긴 어게인〉[10]이나 〈이타카로 가는 길〉에서 우리는 그들이 자유롭게 노래하는 것을 볼 수 있다.

배움은 여정(旅程), 거리에서 얻는다

2018년 tvN에서 음악여행 프로그램인 〈이타카로 가는 길〉을 재미있게 보았다. 가수로 출연한 윤도현, 하현우, 이홍기 씨의 노래도 좋았지만 이들이 그리스 섬 이타카까지 가는 여정에 들른 터키, 불가리아, 그리스의 도시와 섬들이 볼 만했다. 앙카라, 카파도키아, 안탈리아, 파묵칼레, 소피아, 케팔로니아…. 직접 여행하지 않아도 내가 가본 것 같은 느낌으로 배부르게 대리만족했다. 해외여행 인구가 늘었다고 하지만 여전히 텔레비전이나 유튜브에서 여행 프로그램이 인기 있는 이유를 알겠다.

이 프로그램은 그리스 시인 콘스탄티노스 카바피의 시 「이타카」를 읽고 감동받은 국카스텐 보컬 하현우 씨의 아이디어로 만들어졌다고 한다. "언제나 이타카를 마음에 두라"는 시구를 몸에 문신으로 새긴 하현우 씨

---

10) 〈비긴 어게인〉은 2017년 JTBC에서 방영한 음악프로그램이다. 인기 있는 가수들이 해외의 유명한 도시 거리에서 노래하는 프로그램으로 2019년(시즌3)까지 방영되었다.

가 우연히 그리스 이타카 섬에 가보고 싶다는 말을 방송국 피디에게 했고, 〈이타카로 가는 길〉 프로그램이 만들어졌다.

이들은 이타카로 가는 여정 중 어디서나 노래한다. "그대가 이타카로 가는 길을 나설 때, 기도하라. 그 길이 모험과 배움으로 가득한 여정이 되기를"로 시작하는 콘스탄티노스 카바피의 시처럼 이들은 이타카로 가면서 들른 여러 도시의 야외(野外) 공간, 열악한 환경에서 노래한다. 파샤바 계곡, 앙카라 성 꼭대기, 먼지 날리는 데린쿠유의 폐가, 세차게 바람 부는 카파도키아의 언덕, 안탈리아 마리나 항구 등 잘 꾸며진 무대와 콘서트장이 아닌 곳에서 노래한다.

온갖 고생 끝에 이들이 도착한 이타카는 사실 소박했다. 어느 나라에나 있을 법한 그런 섬이었지만, 바다를 바라보며 늘어지게 낮잠을 자는 이들은 이타카로 오는 모험 가득한 여정에서 가슴이 빵빵해졌으리라.

"…(전략) 그대의 목표는 그곳에 이르는 것이니 그러나 서두르지 마라. 비록 그대 갈 길이 오래더라도 늙어져 그 섬에 이르는 것이 더 나으리니. 이타카가 그대를 풍요롭게 해주길 기대하지 마라. 이타카는 그대에게 아름다운 여행을 선사했고, 이타카가 없었다면 그대 여정은 시작되지 않으리. 이제 이타카는 그대에게 내 줄 것이 하나도 없구나…(후략)."
  – 콘스탄티노스 카바피, 「이타카로 가는 길」 중 일부

이타카는 그들에게 여정(旅程)을 선물했다. 전 세계 많은 사람들이 찾는 스페인의 산티아고 드 콤포스텔레(Santiago de Compostela) 성당은 그 길을 걷는 이들에게 순례의 길, 여정을 선물한다. 배움은 여정(旅程), 거리에서 얻는다. 그러니 교실 문을 박차고 거리를 나올 일이다. 일정한 시간마다 의무적으로 알을 낳는 닭장을 나와 밖의 공기를 맘껏 마실 일이다.

거리로, 교실 밖으로 나가자

좀 얄밉기는 하다. 우리 현장의 삶과 노래를 무대와 음반, 음원으로 가둬놓을 때는 언제고, 이젠 세련됨을 갖춘 프로들이 자본의 힘을 후원받아 아마추어들의 풋풋함이 살아 있는 거리까지 나온다. 보여주기 위해 기획된 것이고 텔레비전을 통해 소비하는 것이긴 하나 세상의 트렌드와 소비자의 욕구를 재빠르게 읽어내는 그들의 재주에 질투심이 스멀스멀 기어 나온다.

21세기 시민의 정체성 중 두드러진 것은 소비가 아닐까? 자신의 경험까지 가닿지 못하는 흘려보기, 눈요기, 술자리에 안주로 씹을 수 있는 가십이 난무한다. 문화와 교육이 소수의 기획자에 의해 만들어지고 유통되면서 많은 이들은 생산하는 것을 잃어버리고 단순 소비자가 되어갔다. 단순 소비에 지친 우리에게 유튜브는 가뭄의 단비다. 전 세계인의 문화·교육·게임 플랫폼이 된 유튜브는 소비에만 지친 사람들의 욕구 분출 창구다. 누구나 콘텐츠를 생산하고 유통시킬 수 있는 창구이기에 전 세계인이 열광하는 것이다.

완벽하게 잘 꾸며진 무대에서만 노래하던 가수들이 버스킹 프로그램인 〈비긴 어게인〉에서 자신들의 노래가 어디에서 왔는지, 자신이 무엇을 하는 사람인지 스스로에게 묻는다. 예술에 대해 다시 한번 생각하면서 상품이 된 자기 노래의 양념을 거둬낸다. 거리에선 양념이 안 통한다. 노래하는 이의 몸과 지나가는 사람의 몸이 만나는 것이 버스킹이니까.

그들도 거리로 나가는데 우리의 교육은 아직도 사방이 벽으로 둘러싸이고 지붕이 있는 교실, 건물 안에서 일어난다. 세상 만방에 널려 있던 우리의 배움이 교육이라는 이름으로 학교에 갇혔다. 국민이 배워야 할 것을 국가가 교과과정이라는 이름으로 정했다. 직업적으로 가르치는 일을 하는 교사가 교과서, 교재, 매뉴얼을 갖고 가르친다.

배움이 학교교육의 담장을 넘어 지역사회로 퍼지면서 교육사회에서 평생학습사회로 이행되고는 있으나, '교실' 안에 가두는 '배움'의 양상은 크게 달라지지 않았다. 상상력의 빈곤이다. 지방자치단체마다 시청이나 군청 대형 강의실에서 시민들을 모아놓고 진행하는 대형 강의를 보면 답답하다. 군대처럼 몇백 명의 참여자가 앞사람의 뒤통수를 바라보는 강당 의자에 앉아 유튜브나 텔레비전을 통해 볼 수 있는 유명 강사의 강의를 보고 듣는다.

거리로, 밖으로 나와야 한다. 배움이 교실 문을 열고 거리로 나온다는 것은 공간의 개념만을 말하는 것이 아니다. 정해진 절차, 교육안, 매뉴얼, 교재만을 고집하지 말고 유연하게 학습자와 만나야 한다는 뜻이다. 매뉴얼이나 교과과정에 관한 것은 다른 곳(목표 좋아하시네, 매뉴얼이 필요할까?)에서 다루기에 여기서는 공간에 관한 것만 살짝 말하고자 한다.

'틀에 갇히지 않는 교육·생동감 있는 학습현장 만들기, 삶에서 배우기, 삶이 되는 배움'을 구호로 삼고 20년을 평생교육 현장에서 교수자로 살아온 나도, 교실이라는 공간을 깨고 밖으로 나가는 시도를 많이 해보지 않았다.

일단 교육 의뢰자를 설득해 낼 자신이 없었다. 사람들은 교실과 강의실 문을 열고 나가 밖에서 하는 것은, 갯벌에 나가 조개를 캐거나 숲 체험을 하는 것을 빼고는 교육이 아니라고 생각한다. 또한 나 스스로가 사방이 뻥 뚫린 넓은 공간에서 학습자들을 집중시킬 자신이 없었다.

교실 밖, 벚꽃에 대한 예의

최근 대학 수업에서 교실 밖 수업을 시도해봤다. '대학생을 위한 셀프 리더십 프로젝트'라는 과목으로 진행하는 15주 차 수업이다. 이 수업은 학생들이 자기에 대해 긍정적이고 정확한 개념을 습득하고 자신감 있게 인생을 설계하며 살아가는 셀프 리더십(Self Leadership)을 키우는 것이 목적이다.

스스로 목표를 세우고(self-direction), 스스로 동기를 유발하며(self-motivation), 스스로 과정을 통제하는(self-control) 셀프 리더(self leader)로 성장하기 위해 학생들은 15주 차에 걸친 수업에서 적극적으로 자기를 탐색하고 표현하는 활동을 한다. 15주 차 수업 중 한 번, 교실 밖으로 나갔다.

벚꽃이 흩날리는 화창한 봄날, 교실 안에 틀어박혀 수업을 한다는 건 벚꽃에 대한 예의가 아니라 생각했다. 이날의 주제는 '그것이 나에게 말을 걸어올 때'다. 오월광장 잔디밭에 모여 출석을 확인한 후 학생들에게 교정 여기저기를 돌아다니며 가장 평화로운 곳, 자기에게 위안을 주는 곳에 머물러서 조용히 그것이 하는 말을 듣고 그 말을 받아 적으라 했다.

학생들은 혼자서 걷는다. 여럿이 가면 그것이 하는 말을 들을 수 없기에. '그것'은 벤치일 수도 있고 몇 년을 학교에 다녔지만 새삼스레 처음 보는 나무일 수도 있다. 다음은 그날 그 수업에서 한 학생(별칭, 포도당)이 그것에 하는 말을 받아 적은 거다.

그것(학성사 맞은 편 오월광장의 소나무)이 내게 말을 걸어올 때

안녕, ○○야. 드디어 네가 나를 찾아와주었구나. 너의 가장 가까운 곳엔 항상 내가 있었는데. 이제야 나를 알아봐 준 너에게 조금은 서운하지만, 괜찮아!

이 순간 이렇게 너에게 깊고 시원한 그늘을 줄 수 있어서, 사람 많은 곳 싫어하는 너에게 쉬어갈 수 있는 너만의 아지트가 되어줄 수 있어서 지금 난 너무 행복해.

나도 너처럼 지난 6년간, 지금 이곳에 서서 사람들 웃음소리, 매년 들려오는 벚꽃엔딩, 날아가는 비눗방울, 뛰어노는 아기들 웃음소리, 오월광장의 봄바람, 푸르른 여름의 대나무 향기, 얼어버린 학성사의 고드름까지 모두 다 느끼고 지켜봤단다.

내가 너무 조용하게 서 있어서 널 지켜보고 있는지 몰랐지? 네가 느낀 그 모든 순간, 그 모든 감정, 나는 다 너와 함께했어. 사람들이 변하고, 학교가 변하고, 누군가는 떠나고 누군가는 만나는, 무언가는 사라지고 무언가는 생겨나는 이곳에서 나만은 언제나 변하지 않고 있었어. 너를 지켜보면서 말이야.

네가 막걸리 머금은 오월광장의 잔디 냄새 맡으며 친구들과 김피탕 먹던 모습, 피나치공 가방에 숨겨 기숙사에 들고 가던 모습, 시험 전날 밤 꼴딱 새고 의료대학에서 나오던 모습, 눈 쌓여 추워 죽겠는데도 눈발 흩날리는 오월광장에서 사진 찍고 놀던 모습, 노래방에서 놀다가 기숙사 문 닫기 30초 전 뛰어가던 모습을 매일 보았어.

매일 아침, 매일 저녁 나는 너와 함께했어. 매 순간 너의 웃는 모습, 슬픈 모습, 허둥지둥 바쁜 모습, 우울한 모습, 귀찮은 모습, 화난 모습, 즐거운 모습, 행복한 모습, 차분한 모습까지 다 지켜보았단다.

많은 추억이, 많은 향기가, 너와 함께했던 많은 사람들이, 너에게 일어났던 스펙터클한 일들이 다 지나가지? 나도 그래. 그래도 난 너무 행복했어. 이곳에 있으며 너를 만났고, 너의 모든 순간을 함께할 수 있어서 말이야.

너는 너무 졸업을 하고 싶다 하지만, 그래도 잊지 말고 날 가끔 기억해줄래? 봄이 오면, 겨울이 오면 그때의 향기, 그때의 기억을 그대로 간직한 나를 보러 와주면 더 좋고. 나도 네가 보고 싶을 테니. ㅇㅇ야, 정말 수고했어. 앞으로의 너도 내가 계속 응원할게. 우리 함께하는 순간, 더 행복하게 즐기자.

총 15주 차의 수업 중에서 학생들이 이날을 가장 많이 기억한다. 다음은 이 수업에 관해 학생들이 남긴 피드백이다.

이 수업에 대한 소감

- ¤ 저는 오늘 수업에서 '봄날의 소리'를 느꼈습니다.
- ¤ 오늘 야외수업은 행복이 무엇인지를 알려주려고 했던 것 같습니다.
- ¤ 당장 해야 할 일과 미래에 대한 생각으로 현재의 소중함을 느끼고 즐길 여유가 없었던 저에게 순간을 느끼고 한숨 쉬어볼 시간을 주었습니다.
- ¤ 한 시간이라는 짧지 않은 시간 동안 온전히 바람을 느끼고 자연을 관찰하니, 4년을 넘게 지내온 학교에서도 보지 못했던 곳들을 보게 되고 듣지 못했던 소리도 들을 수 있었습니다.
- ¤ 지금까지의 제 모습이 스쳐 지나가면서, 좋은 순간도 나빴던 순간도 다 행복이었구나 하는 생각들이 들었습니다. 시간에 쫓겨 살지 말고 시간 속에 존재하며 그 안에서 충분히 음미하고 마음에 담아야겠다고 생각했습니다. 그것이 행복이고, 후회 없이 잘 사는 삶이라는 것을 배우게 되었습니다.

☒ 나는 오늘 이 수업을 통해 '여유를 느끼는 법'을 배웠다.

☒ 나는 오늘 수업에서 원 없이 '바람'을 느꼈다. 과제와 시험과 생각할 것들 때문에 스트레스를 받았었는데 한 시간 동안 한 자리에서 바람을 느끼는 경험을 했다. 여유가 없던 시간 속에서 잠깐의 여유를 즐길 수 있어서 좋았던 야외수업이었다. 더불어 학생들이 최근 무슨 생각을 하고 지냈는지 알 수 있어서 좋았던 수업이었다.

☒ 나는 이번 수업에서 울컥함을 느꼈다.

☒ 나는 오늘 수업에서 원 없이 '꽃향기'를 느꼈다. 평소에는 가보지 않던 곳을 다녀보면서 다른 생각 없이 자연에만 집중할 수 있었던 것 같아서 좋았다. 또한 다른 사람들이 어떤 장소에 가면 마음에 평온을 찾는지도 알 수 있었다.

☒ 나는 오늘 수업에서 평소 듣지 못했던 소리를 들었다.

프로 가수 이선희 씨는 자신의 목소리 관리를 위해 일상의 자기 공간에서 마스크를 쓰고 있거나 다른 사람과의 대화도 필담(筆談)으로 한다. 자기관리가 철저한 프로구나 하는 감탄이 절로 나온다. 외과의사에게는 손이, 가수에게는 목소리가 생명이다. 돈을 내고 공연장에 온 많은 이들에게 들려주는 그의 노래는 한 치의 흠도 없어야 한다. 그런 그가 길거리에서 노래하며 울컥한다(SBS 예능프로그램 〈집사부일체〉 22회).

노래를 들어주는 아주머니와 눈을 마주치며 교감한다. 음향시설 빵빵한 럭셔리한 공연장이 아니어도 우리는 충분히 공감할 수 있으며 빔 프로젝터와 현란한 파워포인트(PPT) 없이도 충분히 배울 수 있다. 인간이 처음 배운 교실은 아마도 자연이었을 듯, 선생도 자연이었을 듯하다.

2

목표 좋아하시네!

동물조련사가 목표를 세운 뒤 계획적이고 치밀한 훈련으로 동물을 조련하듯, 교육에서도 목표 설정이 가능할까? 병원에서 의사가 환자를 진단한 후 처방하듯 '가르치는 행위'로 피교육자를 교정한다는 목표가 타당한가?

자꾸 걸리는, 목표라는 것

나에게 교육을 의뢰하는 사람과의 첫 통화 내용은 교육 주제, 제목, 일시, 강사료 등이다. 강사료라는 말이 나왔으니 말인데 사실 나는 이 말을 들을 때마다 기분이 좋지 않다. 송사에 휘말린 의뢰인이 변호사를 '선임한다'고 하지 않고 '샀다'고 말했을 때의 그 느낌이랄까? 강사료라고 할 때, 나는 팔리는 것 같은 기분이 든다. 내가 하는 교육은 나 혼자 떠드는 강의도 아닌데 강사료라니. 설사 내가 강의를 했다고 하더라도 강사인 나에 대해 돈을 지불하다니. 꺼림칙하다. 정확히 말하면 강의료가 맞는 말이긴 한데. 음…. 그것도 썩 내키지는 않고, 수고료? 그 말이 더 적당하겠다.

교육 의뢰가 성사되면 그쪽에서 내게 교육(안)을 요구한다. 어떤 내용으로 어떻게 진행하려고 하는지 알고 싶어서다. 나는 아래와 같이 의뢰받은 교육에 대해 목표, 일시, 장소, 세부 내용(모듈)을 1페이지로 작성해서 보낸다. 교육(안) 가운데 하나를 소개한다.

〈○○○ 직원 교육 워크숍〉

나를 깨워 조직을 춤추게 하자

1. 목표(지향)

  1) 개인(나) 안에 잠든 고유성을 발견하고 말할 수 있게 된다.

  2) 함께 일하는 동료의 의미를 알고, 관계 맺는 기술을 배운다.

3) 직장 안에서, 개인(나)의 고유성이 묻어나는 역할을 찾고 비전을 말한다.

2. 일   시 : 20○○년 ○○월 ○○일(수), ○○일(수), ○○일(수)

     오후 3–6시(1일, 3시간)

3. 학 습 자 : ○○○직원 9명

4. 교육방식 :

   1) 강사가 일방적으로 강의하는 것이 아닌, 학습자가 주도적으로 배우고 깨우쳐 가는 워크숍

   2) 알게 된 것을 말하고, 서로에게 피드백을 주는 교육, 즉 상호작용하는 배움

5. 강   사 : 김영미 / 서로배움 사회적협동조합 성장과비전 대표

6. 세부 내용

일시	주제	세부 내용
8.22(수)	나의 산을 오른다	– 5개의 키워드로 나를 말한다면 – 나는 나이며, 나는 괜찮다 – 내가 찍은 영화, My Story
8.29(수)	네가 있어, 내가 되었네	– 지금 만나러 갑니다(동료와의 인터뷰) – 어떻게 말을 걸까? – 질문과 피드백으로 풍요로워지는 관계 – 나와 상대의 욕구를 알아채고 말하는 비폭력대화
9.4(수)	노래하는 나와 너, 춤추는 조직	– '뜻'으로 만든 길, 조직(기관) – 나와 너를 엮어주는 우리의 '뜻'은? (우리 기관의 가치와 비전) – 일터가 삶터가 되는 생동감 있는 조직문화 – 이 일터에서 걸어갈 나의 길(비전)

정해진 시간에 의도를 갖고 진행하는 계획되고 구조화된 학습 환경에서 어떤 목표를 달성하기 위해 무엇을 할 것인가를 간략하게 작성한 것이 교육(안)이다. 이 교육(안)을 작성할 때 제일 걸리는 게 목표다. 내가 작성한 목표가 학습자와 상의해서 결정한 것이 아니기 때문이다.

일방적으로 정한 교육 목표, 대상이 되는 교육생

교육 목표 속에서 학습자는 철저히 대상화된다. 그들은 앞의 교육(안)에 따르면, 12시간의 교육을 통해 1. 개인(나) 안에 잠든 고유성을 발견하고 말할 수 있어야 하고 2. 함께 일하는 동료의 의미를 알고, 관계 맺는 기술을 배워야 하며 3. 직장 안에서, 개인(나)의 고유성이 묻어나는 역할을 찾고 비전을 말할 수 있어야 한다.

정작 학습 목표를 달성할 당사자는 학습자다. 그들이 달성할 획득물이고, 그들이 도달할 지점이다. 하지만 그들은 그 목표 설정에서 배제된다. 교수자가 교육을 시작할 때 목표를 말하기도 한다. 우리가 오늘 만난 건 이러한 목표를 달성하기 위해서이고, 제가 이러저러하게 진행할 테니 여러분은 그저 잘 따라오시면 된다고.

단절이다. 학습자, 교육기획자, 운영자, 교수자 각각이 뚝, 뚝 끊어진다. 각자 자기 것만 알고 그것만 한다. 하나의 생산품을 만들기 위해 대규모 공장 컨베이어 벨트에 선 사람들과 같다. 자기 팀 일만 아는 칸막이 행정, 치료할 종목이 세분화된 종합병원이다. 제대로 된 교육이라면 기획자, 학습자, 교수자 세 주체가 모두 모여 함께 논의해야 한다.

왜 교육 프로그램을 운영하려고 하는지 동기를 밝히고 그 바탕 위에서 목표를 설정하고 활동의 방법까지 함께 합의해야 한다. 교육을 마친 후에는 설정한 목표에 근거해 교수자, 학습자, 기획자, 담당자가 평가도 함께해야 한다. 하나의 교육 프로그램을 위해 이러한 과정이 필요함을 알지 못하면서 떠드는 학습자 중심, 배움 중심 교육은 사기다.

물론 쉽지 않다. 시간이 많이 걸리고 번거롭다. 비용이 많이 든다. 교육 프로그램을 운영하기 전에 학습자와 기획자, 운영자가 다 모여야 하니까 시간이 많이 들어가고 귀찮아서 이런 과정은 대부분 생략한다. 교육 운영 과정에서 학습자는 배제된다.

교육 목표에 학습자의 의견이 반영되지 않는 결정적인 이유는 교육을 의뢰하는 기획자가 1-2회의 교육을 통해 사람, 학습자들을 변화시킬 수 있다고 믿기 때문이다. 사실 교육을 기획하는 자가 교육적 행위를 통해 학습자를 변화시키려 하는 것 자체도 전근대적이고 위험한 발상이다. 찌그러진 물건은 도구를 사용해 반듯하게 펼 수 있지만 사람은 고쳐서 쓰기 힘들다. 인위적인 힘으로 밖에서 두들기고 찔러서 바른 모양, 의도한 모양으로 만들기 힘들다. 그래서도 안 되는 일이다. 너나 나나 모두 살아 있는 사람이니까.

　나는 교육 의뢰를 받은 후 여건이 허락되면 교육 담당자를 만나 그 기관의 현황과 학습자들의 요구를 파악하려고 했다. 물론 학습자들을 직접 만나서 그들의 욕구를 듣는 것과는 차이가 나지만 안 하는 것보다는 낫다. 그리고 이곳, 저곳 많이 다녀봤는데 정작 교육을 받아야 할 사람은 기관이나 단체의 회원, 직원보다 간부, 임원들인 경우가 더 많았다. 그들은 교육을 통해 자기 조직의 회원, 직원을 통제하고 관리하려고 한다. 그러니 직원, 회원과 함께 교육 목표를 세워야 한다는 생각은 꿈도 꾸지 못한다. 가당치도 않은 일이다.

　이러한 배경에서 세워진 교육 목표를 갖고 나는 교육에 임하고, 그 교육을 마친 후 소위 말해서 '만족도 조사'라는 것으로 학습자들에게 평가받는다. 목표가 정말 중요한 것이라면 그 목표에 근거해 평가 문항을 작성하고, 그 평가는 학습자뿐 아니라 기획자, 교수자 모두가 해야 마땅한데, 다 따로 논다. 목표 따로, 평가 따로, 기획자 따로, 학습자 따로. 그래서 나는 교육(안)을 만들며 목표 문장을 작성할 때 힘이 빠진다. 늘 그래왔으니까 아무 생각 없이 예전에 하던 그대로 따라 한다. 세상 살아가는 데 있어 질긴 게 많은데 그중에 '관습', '관행'이라는 것만큼 더 질긴 것이 있을까?

내게, 목표는 관심의 영역이며 주제다

목표에는 직선으로 쭉 뻗은 길이 겹쳐진다. 여러 갈래 길도 아니고 오직 한 길. 푯대만 보이는 길. 목표 달성을 위해 쉬지 않고 달려가야 할 것 같은 빡빡함이 가슴을 조여온다. 이런 말을 하면 나를 잘 안다고 하는 사람들은 '목표 추구형 인간이 왜 저러실까?' 하며 비웃을 거다. 남들에게 나는 그런 인간으로 보였다. 마음먹은 건 꼭 해내려고 하는 의지 때문이었을까? 하지만 작심삼일로 끝낸 게 수두룩하다.

목표는 도달 지점이며 획득할 결과물이라, 그것만 보이는 경우가 많다. 그것을 얻기 위해 지나온 길, 겪은 과정, 과정에서 만난 사람들은 목표에 묻힌다. 목표가 다른 사람들과 경쟁해 달리는 것일 때 제일 먼저 그곳에 도달한 사람에게는 영광의 메달이 주어지고 나머지 사람들은 찌질이, 패배자, 루저가 된다.

42.195킬로미터를 달리는 것이 목표가 아니라 제일 먼저 달리는 것이 목표가 되었다. 그리 보면 우리 인간들, 참 잔인하다. 한 사람의 1등을 위해 수많은 사람들을 루저로 만든다. 루저가 되고 싶지 않으려면 그 경주로에서 빠져나오면 된다. 하지만 그렇게 할 용기는 없다. 꼴찌로 달리는 것보다는 그 경주로에서 뛰쳐나와 스스로 아웃사이더가 되는 것이 더 폼이 날 것 같은데 말이다.

나는 그동안 목표를 세웠으면 꼭 달성해야 되는 거라고 알고 살았다. 가다가 중지하면, 세운 목표를 포기하면 못난 사람, 실패자가 되는 줄 알았다. 그런데 그동안 살아온 내 삶을 돌이켜 보니 세운 목표대로 된 것은 그리 많지 않다. 직업으로 따지자면 초등학교 다닐 때는 정치가가 되는 것이 목표였으며 고등학생이 되어서는 야구에 열광해 야구 기자가 되는 것으로 꿈을 바꿨다. 대학생이 되어서는 내가 무엇이 되는 것보다는 평등한 세상에서 살고 싶어 그런 일에 투신했고 사회에 나와서도 양성평등 세상을 위해 성남여성의전화를 만들었고 그곳에서 활동했다. 하여간 어찌어찌 흘러 지금의 내가 되었다.

'꿈을 날짜와 함께 적으면 그것은 목표가 되고, 목표를 잘게 나누면 계획이 되며 그 계획을 실행에 옮기면 꿈은 실현된다'는 말처럼 나는 초등학교 시절 내 꿈을 날짜와 함께 적지 않았기 때문에 정치가가 되지 못한 것일까? 열정 하나면 뭐든지 다 된다고 침 튀기며 연설하는 자기계발 강사의 말처럼 열정이 부족했기 때문에 고등학교 시절에 꿈꾸었던 야구 담당 기자가 되지 못한 걸까? 아니다.

나는 자라면서 정치보다는 야구가 좋아서 많은 시간을 야구 관람에 쏟아부었다. 대학에 들어와서는 그동안 많은 공을 들인 야구를 헌신짝 버리듯 내팽개치고, 사회정의와 평등을 실현하는 일에 학업도 전폐하고 뛰어다녔다.

나에게 목표는 무슨 일이 있어도 달성해야 할 획득물이 아니라 흥미와 관심의 영역이며 주제였다. 나를 움직이게 하는 동기며 내가 소중하게 여기는 가치를 구현하는 것이었다. 대학에 입학한 것은 제외다. 그때는 대학에 꼭 들어가야 하는 것으로 알았다. 나의 관심과 흥미가 자꾸 바뀌게 된 것을 후회하지 않는다.

어떤 것을 선택했든 그 당시마다 나는 즐겼으며, 내 안에 우글거리는 잠재성이 밖의 세상을 만나 튀어나왔으니 감사할 일이다. 어떤 길의 끝점에 서서 다른 것을 선택하게 될 때 또 다른 세계가 펼쳐질 것이라는 기대감으로 가슴이 뛰었으며 사실 무궁무진한 세상이 펼쳐졌다. 이것이 아니라 저것을 선택했으면 어떠했을까? 하고 후회하지 않는다. 그쪽 길을 갔더라도 마찬가지였을 테니까. 프로스트가 시 「가지 않은 길」에서 말하는 것처럼 말이다.

물론 인적으로 치자면, 지나간 발길들로
두 길은 정말 거의 같게(really about the same) 다져져 있었고,
사람들이 시커멓게 밟지 않은 나뭇잎들이
그날 아침 두 길 모두를 한결같이(equally) 덮고 있긴 했지만
– 로버트 프로스트, 「가지 않은 길」 중 일부

그때를 생각하면 낯이 뜨거워진다

교육적 상황에서의 목표를 이야기하다가 갑자기 내 인생 이야기를 끌어들인 것은 우리가 목표를 쭉 뻗은 도로, 성공의 잣대로 등치시키기 때문이다. 성공의 기준이 정해져 있기에 다들 그곳, 그 표적, 골인 지점을 향해 달려간다.

시중에 나온 자기계발 서적이나 리더십 강사들은 우리가 왜 목표를 설정해야 하는지, 어떻게 하면 그 목표를 달성할 수 있는지에 관해 구체적인 방법론과 기술을 전수한다. 나도 '셀프 리더십 워크숍'을 진행하면서 비전 수립, 목표 설정이라는 주제와 관련해 이런 부끄러운 짓을 좀 했다.

당시, 나는 저소득 계층에 속한 주민들이 자활을 위한 계획을 수립하도록 돕는 교육을 했다. 교육 참여자들이 자기 내면의 힘을 발견하고 자신감을 높일 수 있도록 여러 가지 활동을 했다. 그러나 교육을 의뢰한 측의 목표는 교육생들의 근로 의지를 높여 이들을 당장이라도 수급권자의 처지에서 벗어나게 하는 것이었다. 그들을 빨리 시장경제 체계 안으로 편입시키는 것이 목표였기에 교육을 통해 가시화된 결과를 보고 싶어 했다.

할 수 없이 나는 교육에 참여한 주민들이 3년 또는 5년 이내에 이룰 목표 문장을 만들고 그 목표를 달성할 수 있는 계획을 수립하도록 돕는 수업을 했고, 교육을 의뢰한 측은 그 결과물을 가지고 사례관리를 했다.

내가 지금에 와서 당시 했던 활동을 후회하는 이유는 성과가 중요한 시장경제에서 밀려나 상처받고 위기에 처한 분들에게 시장경제에서 밀어붙이는 것과 똑같은 방식으로 목표의 중요성을 강조했다는 점 때문이다. 목표를 세우면 달성할 수 있다고, 입에 침 튀겨가며 그들을 설득했다. 물론 기업 조직의 직원 교육과는 다른 가치와 방식이라 자부하며 '자기 탐색과 발견'에 중점을 두긴 했지만, 결론은 같은 거였다. "목표를 세워보세요. 그러면 취직을 할 수 있고, 지금 살고 있는 곳에서 벗어나 전세로 옮길 수도 있어요."라는 거였다.

내가 교육현장에서 만난 많은 사람은 게을러서 그 자리에 오게 된 것이 아니었다. 살아보니, 인생은 운칠기삼(運七技三)인 것 같을 때가 많다. 그런데 나는 부흥 강사마냥 목표를 세워 열심히 살면 수급자에서 벗어날 수 있고, 지금보다 경제적으로 나아질 수 있다고 설교하고 선동했다. 사회 속 개인의 처지가 개인의 탓만이라고 여기지는 않았지만 어쩌겠는가? 하나님도 어찌지 못하는 사회 구조며 빈곤이니 그들을 독려할 수밖에. 그 짓을 하면서도 '이거, 내가 뭐 하는 거지?' 하는 의문이 올라왔다.

'성과 관리형' 사업이었다. 수급권자인 학습자들에게 '비전과 목표'에 대해 열과 성을 다해 설명을 하고 각자 목표 문장을 만들도록 한 뒤 피드백을 주는 자리였다. 한 참여주민이 전셋집으로 이사 가는 것을 목표로 삼았다.

이사 가고 싶은 집 전세가 7천만 원이었고 그 금액을 5년 안에 달성할 목표로 설정했다. 목표를 잘게 나누면 계획이니 매 해마다 구체적으로 얼마를 모으면 될지 계획을 세우는데 현재 가진 돈이 1천만 원이다. 그렇다면 6천만 원을 5년 안에 모아야 하는데, 1년에 천이백만 원을 저축해야 한다.

답이 안 나온다. 그래, 그럼 반은 융자를 받는다 치고 삼천만 원을 5년 안에 모으려면 1년에 600만 원을 모아야 하고 그건 1달에 50만 원을 저축하는 건데, 그 참여자가 당시 받는 월급은 고작 70만 원. 도저히 답이 안 나온다. 그래서 내가 했던 말 "그럼 기한을 더 늘립시다." 늘리고, 늘리고, 늘리고…. 그래도 답이 안 나와 또 늘리고, 지금 생각하니 부끄럽다. 아직도 그분의 얼굴이 눈에 선하다.

우리나라에 지역자활센터가 생긴 지 20년이 넘었고 내가 자활교육을 한 지도 15년이 넘었다. 교육현장에서 한 번 만났던 참여주민을 또 만나기도 한다. 똑같은 분을 세 번 만난 적도 있다.

별칭이 '웅이 아버지'인 그분은 ○○지역자활센터에서 정년퇴임을 하셨다. 자활근로를 하며 자신이 받은 것이 많다고 고마워하셨다. 정년퇴임한 후 악기 하나를 배워 봉사활동을 하고 싶다고 하신다. 진심으로 축하드리고 싶다. 마음 같아선 현수막이라도 걸어드리고 싶다. "웅이 아버지, 자활근로 정년퇴임 축하드립니다"라고.

어찌 바다와 강에만 물이 흐르는가? 시내에도 도랑에도 물은 흐른다. 초등학교 시절 내가 살던 시골 집 바로 옆 작은 도랑에는 미나리가 파릇파릇 자랐다. 외할머니 집 앞 작은 시내에서는 친구들과 놀다 돌을 들춰내 가재도 잡았다. 도랑물, 작은 시내, 옹달샘, 강물, 바다···. 저마다 남부러워하지 않고 자기 삶을 좋아했으면 좋겠다. 황베드로 수녀님이 노래했다.

해바라기 키 커도
우쭐거리지 않고

채송화 키 작다고
남부러워 안 하고

꽃들이 꽃이 웃어
꽃밭이 곱네
  – 황베드로 수녀님, 「꽃밭」

'웅이 아버지'처럼 키 큰 해바라기 부러워 않고 자기가 살아온 삶을 긍정하면 좋겠다.

목표보다는 지향이 낫다

다시 교육현장에서의 목표로 돌아와서, 지금 우리가 교육 매뉴얼이나 교사 지도서에서 내세우는 교육 목표에는 학습자의 참여가 없다. 학생과 학습자를 일정한 방향으로 끌고 가려는 의도에 바탕을 둔 목표다. 제도권의 학교교육은 그럴 수 있다. 국정교과서를 사용하던 시절도 있었으니까. 그러나 학교 밖 교육, 비형식 교육(Non-Formal Education), 지역사회교육은 학교교육과 달라야 하는데, 생각 없이 학교교육의 틀과 방식을 그대로 따라 한다.

한 발 더 물러나서 생각해보면 기업 조직에서는 그럴 수 있다. 한정된 자원을 바탕으로 정해진 기간 안에 최대한의 성과를 내야 하는 기업에서 인적자원인 직원을 교육할 때는 그럴 수 있겠다. 하지만 사회교육·평생학습의 현장은 교육의 주제, 시간, 방식을 정함에 있어 학습자의 의견을 반영해야 하지 않을까?

심리상담가 칼 로저스는 대학 시절, 공부하고 싶은 과목을 학생들과 함께 의논해 학교 측에 요구했다. 그가 대학을 다니던 때가 1920년대니까 지금보다 100년 전이다. 100년 전에 한 일을 지금 우리가 하지 못하는 이유는 사회가 복잡해져 일괄적인 시스템으로 통제해야 하기 때문인가? 아니면 교육에 대한 철학이 부재하기 때문인가?

내가 아는 도시형 대안학교(고등학교) 철학 선생님은 수업할 텍스트를 학생들과 상의해서 정한다. 혁신적이다. 이런 방식으로 수업하려면 교수자가 폭넓은 식견을 갖춰야 할 뿐 아니라 수업 과정 중 학생들의 질문을 전폭적으로 수용하고 함께 배워가려는 자세와 배포가 있어야 한다.

우리 교육과정에서 교수자는 자기가 아는 것, 가르쳐야 한다고 정해진 것만 가르친다. 당연히 학습현장에서 교수자와 학습자 간의 역동이 일어날 리 없다. 교수자의 가르침에 대한 적나라한 조크가 있다. "가장 수준이 낮은 교수는 모르는 것도 가르치고, 그 위 단계는 자기가 아는 것만 가르치며 수준이 제일 높은 교수는 학생들이 알고 싶어 하는 것을 가르친다." 웬만한 식견과 경륜이 아니면 학생들이 알고 싶어 하는 것을 가르치기 쉽지 않다. 감당하기 힘들 것이다.

교육활동을 하던 초반에는 '내가 모르는 것을 학생들이 물어보면 어쩌나?' 하는 두려움이 꽤 있었다. 모른다고 하면 될 터인데. 그게 뭐 어려운 말이라고 그 말을 못 했을까? "같이 배워보자"거나 "다음에 배워서 알려줄게"라고 말하면 되는데 말이다. 학생들을 나와 함께 배워가는 학습자, 동행지식(同行智識)으로 여기지 못했기 때문이다. 그래서 이해가 잘 안 되는 것도 외워서 가르쳤다.

혹 이 책을 읽는 독자 중에서 "동행지식의 한자가 틀린 것 아녀?"라고 물으시는 분이 계실지도 모른다. 『생의 가』의 저자 한준상 교수는 지금 우리가 쓰는 지식(知識)의 한자 지(知)를 일부러 지혜를 뜻하는 지(智)로 바꾸어 말한다. 우리의 앎이 근대를 거치면서 지나치게 삶의 지혜에서 멀어졌음을 비판하는 것이다.

교육현장에서 과도하게 학습 목표를 강조하는 이면에는 사회현상과 교육적 환경을 기계적 시스템으로 보는 시각이 깔려 있다. 투입(in put)이 있으면 산출(out put)이 있어야 한다. 산출해야 할 것이 목표로 설정되며 그 산출물은 측량 가능해야 한다. 커피 자판기 같은 것이다. 커피, 프림, 설탕, 물을 정확히 계산해서 자판기에 넣어주고 버튼을 누르면 변환 과정을 거쳐 종이컵에 표준적인 맛의 커피가 나온다.

반면, 열린 시스템은 시스템의 기본 요소인 입력, 출력, 변환 과정 이외에 환경을 고려한다. 열린 시스템은 피드백도 적극적으로 한다. 출력이 제대로 되었는지 모니터링하는 소극적 차원의 피드백이 아니라 환경의 변화에 의거해 활동의 출력 자체를 바꾼다.

닫힌 시스템과 열린 시스템을 가르는 결정적인 기준은 환경이다. 환경은 시스템의 생존 여건이며 시스템의 목적을 지원한다. 따라서 늘 환경 분석을 해야 한다. 학습 · 교육 시스템의 환경 요소 중 가장 중요한 것은 학습자의 욕구가 아닐까?

교육현장에서의 목표 설정에 대해 이런 고민을 하던 참에 만난 분이 있다. 지금은 고인(古人)이 된 장영예 선생님은 내게 이렇게 말했다. "그 래서 저는 목표라는 말보다는 '지향'이라는 말을 즐겨 써요." 나도 이제는 교육 의뢰자에게 교육(안)을 보낼 때 목표라고 쓰고 그 옆에 ( )를 넣은 뒤, 그 괄호 안에 지향이라고 쓴다. 갑자기 언어를 바꾸면 그분들이 당황할까 봐 목표와 지향이라는 말을 함께 써 준다.

3

매뉴얼이 필요할까? 라이브(LIVE)

우리가 사는 사회는 매뉴얼이 많다. 어떤 제품의 조립 방법을 알려주는 안내서에서부터 음식 조리법, 업무 매뉴얼까지 온갖 매뉴얼이 난무한다. 매뉴얼이 있어 편한 세상, M(anual)-편한 세상이다. 매뉴얼은 우리가 무엇을 완성하기 위한 시간을 절약해준다. 또한 경험하지 못한 상황에서 자신감을 갖고 대처하도록 돕는다. 그렇다면 이런 매뉴얼이 교육적 상황에서도 필요할까?

매뉴얼대로 사는 인생

노희경 작가의 TV 드라마 〈라이브〉[11]를 보면 매뉴얼이라는 말이 많이 나온다. 매일 사건과 사고가 쏟아지는 홍일지구대원들은 예상치 못했던 사고를 수습하기 위해 대처해야 할 행동지침인 매뉴얼을 읊으며 위기 상황을 매번 잘 수습해간다.

염상수 순경은 인도와 도로가 인접한 곳에서 술에 취해 주정을 하는 시민을 제대로 제압하지 못해 괴팍한 성격의 사수 오양촌 경위에게 심한 욕설을 듣고 폭행까지 당한다. 자기가 무엇을 잘못했는지 잘 모르는 염상수 순경과 동료들은 지구대 건물 옥상에서 오양촌 경위에 대해 뒷담화를 하다가 걸려 또 맞는다.

이 자리에서 염상수 순경은 자기가 술에 취한 시민을 대할 때 무엇을 잘못했는지 알게 된다. 매뉴얼대로 하지 않아 염상수 순경은 지나가는 차에 치일 뻔했던 거다. 이쯤 되면, 매뉴얼은 사람의 목숨까지도 살린다. 그럼, 매뉴얼이 만능인가? 매뉴얼대로 하면 이 세상 모든 것은 저절로 잘 돌아갈까?

지구대에서 사용하는 매뉴얼은 지금까지 일어난 일, 사태의 원인과 과

---

11) 라이브는 2018년 tvN에서 총 18부작으로 방영된 드라마로 전국에서 제일 바쁜 홍일지구대에서 일어나는 사건과 사고를 리얼하게 그렸다.

정을 평가해 이후 일어날지도 모를 사고를 미리 방지하거나 유사한 사태가 발생했을 때 신속하게 처리하기 위한 절차와 방법을 안내한다. 지구대에만 매뉴얼이 있는 것은 아니다. 우리 일상에도 매뉴얼이 많다.

가전제품을 구입하면 매뉴얼이 따라온다. 구매한 제품이 어떤 것으로 구성되어 있는지와 제품 사용법을 그림과 함께 상세하게 안내한다. 구매자는 분해되어온 제품을 매뉴얼이 시키는 대로 조립하고 사용법을 익힌 후 그 제품을 이용한다. 사용법이 복잡한 스마트폰은 매뉴얼이 웬만한 책 한 권 분량이다. 대표적인 매뉴얼은 음식의 조리법을 알려주는 레시피다.

매뉴얼은 라이브(LIVE)가 아니다

일상에서 이리 편리한 매뉴얼이 교육현장에서도 필요할까? 결론부터 말하자면, 있어서 나쁠 것은 없지만 매뉴얼에 의존해서 정해진 순서와 방식대로만 진행하는 교육은 생동감이 떨어지고 지루하다.

대부분의 매뉴얼, 혹은 교수자용 지도안이나 교재는 학습자를 변화시켜야 할 대상으로 설정한 후(물론 목표라는 폼나는 말로 포장되기도 하지만) 그 방법과 절차를 안내한다. 지식 전수와 기술 습득이 목적인 교육의 경우는 가르쳐야 할 지식과 기술을 잘 전달하기 위한 방법을 알려준다.

학습자는 살아 숨 쉬고 욕망하는 각각의 사람이기보다는 대상화된다. 교수자와 교육 기획자가 설정한 범주 속의 일반화된 인간이다. 학습자 한 명 한 명의 개별적 차이가 거세된 밋밋하고 평평한 학부모, 학생, 여성, 공무원이다.

우리는 낱낱의 무엇을 분류해서 같은 묶음으로 만들어 편리하게 관리하는 것을 좋아한다. 아직도 법무부 산하에는 '소년분류심사원'[12]이라는 기구가 있다. 나는 이런 곳이 있다는 걸 알았을 때 충격을 받았다. 사람을 분류하다니! 처음 이 기구가 만들어졌을 때는 감별심사원이었다고 한다. 병아리도 아니고 뭘 감별한다는 건지 씁쓸하다.

많은 사람들이 일상에서 무엇인가를 빨리 습득하기 위해 또는 정확하게 문제를 해결하기 위해 매뉴얼을 이용한다. 오류와 실수를 줄이기 위해 그 과정을 표준화해 자세하게 설명한 매뉴얼을 들춰본다. 매뉴얼 덕분에 실수를 덜 하고 과정 또한 빨리 겪기도 한다. 시간이 단축된다. 매뉴얼로 인해 우리에게 시간은 펼쳐지는 것이 아닌 단축하고 압축할 수 있는 것이 되었다.

매뉴얼대로 살아가며 시간을 절약해서 우리가 얻은 것은 무엇일까? 생

---

12) 한국민족문화대백과사전에는 '소년분류심사원'에 대해 '법원으로부터 결정 송치된 가위탁소년의 수용 및 심판, 보호처분의 대상이 될 소년의 성격·자질 등을 의학·교육학·사회학, 기타 전문 지식을 근거로 분류심사한다'고 나와 있다.

텍쥐페리의 소설 『어린왕자』에는 목이 마를 때 먹으면 당장에 갈증이 풀리는 효과 좋은 약을 파는 상인이 나온다. 이 약을 마시면 물을 마시러 다니는 시간을 일주일에 53분이나 절약할 수 있다. 절약되는 53분을 무엇에 쓰냐고 어린왕자가 묻자 상인은 자기가 하고 싶은 일들을 그 시간에 마음대로 한다고 말한다. 우리는 그렇게 절약한 53분을 어디에 쓸까?

삼시 세끼를 제대로 해 먹으려면 하루 종일 걸린다. 그래서 간편하게 조리된 제품을 편의점, 마트에서 사 먹고 절약한 그 시간을 〈삼시세끼〉나 〈한 끼 줍쇼〉라는 예능 프로그램을 보는 데 쓴다. 헛헛하다.

시간의 과정을 압축하는 매뉴얼보다는 사람들이 시간의 과정 그 자체를 겪을 수 있게 해야 하지 않을까? 특히 사물을 다루는 일이 아닌, 살아 숨 쉬는 사람이 모인 교육현장에서는 더욱 그래야 하지 않을까? "시간에게 시간을 돌려주라"는 이탈리아 속담처럼 말이다. 매뉴얼은 라이브(live)가 아니다. 사람 사는 세상의 숨소리, 얼굴 표정, 몸짓이 제거된 편의점에서 파는 인스턴트 음식과 같다.

막스 프리쉬(Max Frisch)는 "시간은 우리를 변화시키지 않는다. 시간은 단지 우리를 펼쳐 보일 뿐이다(Time does not change us. It just unfolds us)." 라고 이야기한다. 시간이 우리를 펼쳐 보일 수 있게 시간에게 시간을 허락해야 하는데 많은 사람들이 매뉴얼대로 살아간다. 표준화된 안내서인 매뉴얼대로 살아가며 우리는 삶의 냄새와 시간이 빚어낸 향

기를 잃어버렸다. 시간이 우리를 펼치게 하려면 표준을 강요하는 매뉴얼
은 잠시 접는 것이 좋겠다.

매뉴얼은 꽃송이 하나하나에게 눈을 맞추지 않는다

매뉴얼은 각자의 사정, 하나하나의 자초지종을 무시하고 표준화한다.
사물은 자초지종을 무시하고 표준화해도 된다. 이렇게 말하면 『시인의
사물들』을 쓴 시인들이 좀 언짢아하겠지만. 사물마저도 하나하나에 사연
이 담겨 있는데 살아 움직이는 사람의 일을 표준화할 수 있을까? 사람들
은 범주화(유형화)하는 것을 좋아한다. 편해서 그렇다. 하나하나 신경 쓰
지 않아도 되니까. 일일이 신경 쓰는 것은 공이 많이 드는 일이다.

사람은 일일이 신경 써줘야 한다. 나태주 시인이 「꽃들아 안녕」에서 노
래하듯 '꽃송이 하나하나에 눈을 맞추며 꽃들아 안녕, 안녕 그렇게 인사'
해야 한다.

그의 과거와
현재와
그리고
그의 미래가 함께 오기 때문이다.
한 사람의 일상이 오기 때문이다.

부서지기 쉬운

그래서 부서지기도 했을

마음이 오는 것이다.

   – 정현종, 「방문객」 중 일부

　매번 교육을 할 때마다 나는 이것저것 준비하며 학습자, 참가자들의 얼굴을 그려본다. 나이, 거주지, 성별, 직업 이런 것, 흔히 말하는 인구학적 특성이라는 것 말고, 그 사람들이 어떤 사연과 역사를 지녔고 무엇을 간절히 원하는지 미리 상상하며 마음을 다잡는다.

　나는 교육현장에서 참여자들의 사연을 들으며 많이 울었다. 죽지 않고 살아서 그 자리에 온 것만으로도 대단하다 싶은 역사가 그들에게 있었다. 가냘픈 몸으로 견디고 살아온 그들의 삶에 박수를 보낸다. 죽음의 문턱까지 갔다 온 분들도 꽤 있었다.

　"알코올의존증에 바람까지 피우는 남편 때문에 견디기 힘들어 딸과 함께 자살하려고 했다. 약을 먹으려는데 딸이 말한다. '엄마, 오늘 말고 내일 죽으면 안 돼?' 늘어나는 빚에 지쳐 연탄불을 피워놓고 자녀와 함께 자살을 기도했다. 죽음 일보 직전에 방문을 박차고 나와 딸을 끌어냈다."

　이런 분들의 사연에 접속하지 않고 들이대는 교육 매뉴얼이 뭔 필요가 있을까? 우울증 환자, 알코올의존증자, 가정폭력 피해자, 파산자 등. 이렇게 범주화하면 대처하기가 쉬운 것일까? 아니, 대처하다니? 이건 또 무슨 말인가? 만나야 한다.

오래전 평생학습 현장에서 교수자로 활동하는 분들을 교육하면서 좀 놀랐다. "내가 만나는 학습자들은 어떠한 사람들일까? 그들을 위해 내가 알아야 할 것은 무엇인가?"라는 질문을 주고 토의를 했다. 그들은 대상별, 연령별로 표를 그린 뒤 학교에서 배운 대로 특성을 나열한다. 낯설게 느껴졌다. 그들에게 교육현장에서 만나는 참여자는 유형화(범주화)된 사람들이었던 거다.

내가 진행하는 워크숍 교육활동 중에는 학습자들이 '나는 ~하고 싶다' 50개를 쓰고 발표하는 것이 있다. 어느 날엔가 한 참여자가 '나는 내 생일에 축하받고 싶다'라고 말하는 것을 듣고 울컥했다. 멜로 드라마, 가족 드라마에 자주 등장하는 장미꽃 100송이와 달달한 생일 케이크는 그분에게 그림의 떡이요 자신을 더 비참하게 만드는 장면이다. 아니, 엄밀히 말하면 그분은 그런 장미꽃과 생일 케이크가 필요했던 것이 아니다. 자신의 생일을 기억해주는 사람이 그리웠던 것이다. 이분에게 당장 필요한 것은 생일을 기억하고 '축하해'라고 말해주는 따뜻한 말 한마디다. 세상 참 얄궂다. 그게 뭐라고. 생일을 기억해 주는 사람이 한 사람도 없을까?

아니, 잘 기억하는 사람들이 있기는 하다. 한두 번 들린 미용실, 세탁소, 영화관. 이런 곳은 생일을 기억하고 꼬박꼬박 문자를 보낸다. ○○○ 고객님이라고 시작하는 영혼 없는 말. 외로울 때, 아무도 나를 알아주지 않는다고 느낄 때는 그것마저도 위로가 되긴 하지만 씁쓸하다.

나는 교육현장에서 먼저 학습자, 참여자들을 만나는 일에 집중한다. 그들이 살아온 세월을 함께 느끼고, 그들이 들은 소리를 나도 들어보려고 한다. 한 명 한 명에게 눈을 맞추며 안녕! 안녕! 그렇게 인사한다.

매뉴얼은 참고만 할 뿐이다

매뉴얼대로만 일하는 사람들 때문에 영화 〈나, 다니엘 블레이크〉의 주인공 다니엘 블레이크는 질병수당 항고를 받는 날, 화장실에서 심장마비로 죽는다.

이 영화의 주인공 다니엘 블레이크는 목수다. 병든 아내를 수발하다 사별하고 심장에 무리가 와 일을 하지 못하게 된다. 질병수당을 타서 생계를 유지해야 하는 그는 1차 심사에서 거부당하고 구직활동을 하라고 강요받는다.

다니엘이 질병수당, 구직수당을 타기 위해 들른 행정기관의 직원이나 전화 상담원들에게 그는 개별자가 아닌 그냥 수급권자다. 편의점의 물건처럼 분류하고 재고를 정리하면 되는 그런 물건일 뿐이다. 개별성이 거세된 수급권자인 다니엘에게 그들은 매뉴얼에 적힌 대로 안내한다. 인터넷이라고는 생판 모르는 노인에게 인터넷 사이트에 들어가서 구직 신청을 하라고 하고, 별 도움이 되지 않는 교육을 받으라고 하는 등 매뉴얼대로 일을 처리해 결국은 그를 죽음으로 내몰았다. 사람 죽인 매뉴얼이다.

교육현장은 통제된 마당이다. 학습자들은 교육 시간과 공간, 프로그램, 커리큘럼, 교과과정, 교육 목표 등으로 통제된다. 나는 교육을 할 때, 매뉴얼대로만 하지 않고 프로그램을 느슨하게 운영한다. 계획한 프로그램을 정해진 시간에 다 풀지 않고 그때의 상황에 맞추어 유연하게 바꾼다. 학습자들은 책상과 의자, 칠판처럼 아무 표정 없이 그 자리에 있는 사물이 아니기 때문이다. 그들은 웃을 수 있고 화도 내고 울기도 하는 감정이 있는 사람들이다. 감정을 숨기고 태연한 척 앉아 있지만 방금 전 일어난 불쾌한 일이 머리에서 떠나지 않아 교수자의 말이 자기 안으로 들어오지 않을 수도 있다.

얼마 전, 학부모와 초등학생 자녀들이 함께하는 '세대 공감 워크숍'을 진행할 때였다. 첫 시간에 자신이 누구인지를 말하기 위해 다섯 개의 형용사로 자기를 표현했다. 그동안은 학습자들 두 명이 짝을 지어 서로 이야기를 하게 했다. 그런데 이날 그 자리에 있던 초등학생 아이가 "이거 게임식으로 알아맞히는 놀이해요."라고 제안했다. "그래! 그럼 그렇게 해볼까" 하고 학습자들이 작성한 활동지를 다 걷어와 내가 읽어주고 그 자리에 있는 학습자들이 맞추도록 하는데 좋아서 난리가 났다. 여기저기서 손을 들고 맞히겠다고 아우성이다. 이때 알았다.

'학습현장을 통제하지 않으니까 신이 나는구나. 학습 방식도 저들이 제 안하는 것을 따르니 더 재미가 있구나.'

매뉴얼을 들이대서 우리가 살아가는 삶과 교육현장을 통제해서는 안 될 일이다. 학습현장은 학습자와 교수자가 함께 만들어 가는 것이라 믿기에 나는 매뉴얼을 참고만 한다.

살리는 게 중요하다

다시 노희경 작가의 드라마 〈라이브〉로 돌아와서. 홍일지구대 시보순경 염상수는 연쇄살인범을 모방한 피혐의자에 의해 자신의 사수인 오양촌 경위가 칼에 찔려 쓰러진 것을 본다. 무섭고 당황한 염상수 순경은 피혐의자에게 경고를 하지 않은 채 총을 발사했고 피혐의자는 중태에 빠진다. 이 일로 염상수 순경은 징계위원회에 회부된다. 비리 경찰로 인해 경찰에 대한 여론이 나빠진 상황에서 경찰 윗선은 염상수 순경을 엄벌에 처해 경찰에 대한 국민들의 공분을 무마하려 한다.
징계위원회에서 염상수 순경을 처벌하려는 경찰 간부는 염상수 순경에게 "왜 매뉴얼에 적힌 대로 피혐의자에게 총을 쏠 때, 왜 세 번 경고를 하지 않았느냐?"고 따진다. 피혐의자의 투항의지를 듣고도 왜 총을 발사했는지 묻는다. 매뉴얼대로 따진다면 이건 분명 잘못된 행위다. 염상수 순경은 피혐의자가 그 상황에서 들고 있던 칼을 버리면서 움직였고 오양촌 경위의 총이 피혐의자 근거리에 있어서 오양촌 경위가 위험했었다고 답한다.

세상 그 어떤 매뉴얼도 이런 세세한 것까지 알려주지 않는다. 아니, 알려줄 수가 없다. 아무리 많은 경우의 수를 따져서 절차와 방법을 안내해도 늘 새로운 것이 튀어나오는 것이 인생이고 라이브(LIVE)니까. 지금까지 나온 경우의 수를 일일이 다 기록한다면 웬만한 책 한 권이 아니라 책장 한 칸을 다 채우고도 모자랄 분량의 매뉴얼이 만들어질지 모른다.

염상수 순경은 살아 숨 쉬는 인간들이 뒤엉켜 만들어진 그 상황에서 스스로 판단한 거다. 사건 현장에 있던 피해자와 오양촌 경위가 위험하니 피혐의자에게서 이들을 지켜야 한다고. 그러나 경찰 간부는 "피혐의자가 그 상황에서 움직인 것이 총기를 탈취하려고 한 것인지, 총을 들고 투항하려 한 것인지 염상수 순경이 어떻게 알았냐?"며 재차 따져 묻는다.

경찰 간부는 몇 가지 정황을 들어 당시 피혐의자가 투항하려 했다고 주장한다. 염상수 순경이 매뉴얼을 따르지 않고 피혐의자에게 총을 발사해 중태에 빠뜨렸다고 몰아세운다. 당황한 초보 순경이 상황을 제대로 판단하지도 못하고 매뉴얼대로 처리하지 못해서 이런 일이 벌어졌다는 것이다. 매뉴얼, 매뉴얼, 매뉴얼…. 매뉴얼 매우 좋아하신다. 매뉴얼이 헌법이고 경전이다.

드라마 〈라이브〉의 마지막 장면. 징계위원회에서 염상수 순경이 최후 변론한다.

"예. 저는 그때 무섭고 두렵고 당황했습니다. 당시 상황은 사수 오양촌 경위님이 다치고, 피해자는 피를 흘리고 있는 상황이었습니다. 저는 그냥 두 사람을 살려야겠다는 생각밖에 없었습니다. 매일 수십 번씩 사건 당일의 일을 머릿속으로 다시 떠올려봅니다.

어떤 날은 그날처럼 총을 쏘기도 하고, 어떤 날은 제가 총을 놓고 도망가기도 하고 또 어떤 날은 사건 현장에 있던 오양촌 경위님과 피해자 남학생이 죽기도 합니다. 또 어떤 날은 범인 대신 제가 죽기도 합니다. 저는 현장 경험이 적은 아직은 미숙한 경찰입니다. 사건 당일 무엇이 합리적인 행동이었는지 지금도 잘 모르겠습니다. 하지만 오늘 이 자리에서 어떤 결과가 나와도 중요한 한 가지, 저는 제가 존경하는 동료와 피해자를 살렸습니다." – 드라마 〈라이브〉 18화 중

그래, 맞다. 염상수 순경이 그날의 상황을 떠올려 다시 '그 상황이라면 어떻게 했을까?' 수십 번 상상해 봐도 똑같이 행동했을 거라고 한 것처럼, 그 상황에서 매뉴얼은 아무짝에도 소용이 없다. 어떤 날은 총을 쏘고, 어떤 날은 도망가고, 어떤 날은 범인 대신 죽기도 하는 것. 그것이 인생이고 라이브다(LIVE).

어찌하여 매뉴얼을 들이대며 아직 오직 않은 날, 무엇이 일어날지 도무지 점칠 수 없는 내일을 포획하려 들까? 살아 숨 쉬는 사람, 그것도 한두 사람이 아닌 많은 사람들이 모인 학습현장을 정해진 절차와 방법으로 통제하려 할까?

이제 우리에게 필요한 것은 매뉴얼이 아니라 철학이고 관점이다. 엄청난 양의 데이터를 수집해 분석하고 유형화해 만들어낸 매뉴얼은 4차 산업혁명 시대에 인공지능 로봇도 할 수 있는 일이다. 만약 매뉴얼로 훈련된 로봇이 그 상황에서 염상수 순경의 역할을 대신했더라면 피혐의자에게 총을 쏘기 전, 세 번 경고를 하다가 총에 맞아 즉사했을지도 모른다. 로봇이니까 죽지는 않았을지 모르겠네.

아직까지 우리가 사는 세상은 라이브다. 더불어 교육현장도 라이브여야 한다. 굳이 어떠한 것이 희망이냐 묻는다면 '라이브'라 말하고 싶다.

4

그건 왜 하는 건데? 평가!

내가 가끔 가는 손만둣집이 있다. 꽤 알려졌는지 사람들이 붐빈다. 내가 이 집을 즐겨 찾는 이유는 맛도 맛이지만, 가게에 걸린 간판에 쓰여 있는 말 한마디 때문이다. "진정한 맛은 평가하는 것이 아니다. 그리워하는 것이다." 그리워하면 될 것을, 그냥 웃으면 될 것을, 어깨 한번 툭툭 두드려주면 될 것을 갖고 잘한다, 못한다, 100점 만점에 몇 점? 숫자로 평가(評價)하는 세상이다. 물건에는 가격을, 성적에는 등급을, 영화에는 별점을, 욕구조사는 리커트 척도로.

내가 경험한 교육현장도 마찬가지다. 사회적 기준과 표준에 맞춰 늘 누구를 숫자로 평가해야 하고 또 평가당하기도 한다. 누구는 이리 말한다. "혼자 살 거 아니면 당연한 걸 갖고 왜 그래?" 그래도 한번 딴지를 걸어본다.

"진정한 맛은
평가하는 것이 아니다.
그리워하는 것이다."
라는 간판이 멋진
〈개성손만두〉

나에게 주어진 이 권한은 무엇이란 말인가?

학기말이면 학생들 성적 내는 것 때문에 초긴장한다. 점수를 잘못 기입하지 않았나 걱정되어 엑셀표를 보고, 또 본다. 학기 초에 학생들과 약속한 배점에 따라 아이들이 치른 중간고사와 기말고사, 발표, 출석 등을 합산한 후, 총점을 내림차순으로 정리한다. 1등부터 꼴찌까지 줄 세우기다. A학점은 30%, B학점은 40%, C, D, F학점은 30%로 나누어 상대평가 그룹을 만든 후, 같은 그룹 내에서도 차별을 두고 점수를 부여한다. 상대

평가 각 그룹 경계선에 있는 학생들의 점수 차이가 미세할 때는 괴롭다. 1점 차, 심한 경우 1점도 안 되는 점수 차이로 상대평가 그룹이 달라진다.

근소한 차이로 아래 등급으로 밀려난 학생에게 미안하다. 수업시간에 눈에 띄었던 학생인데 점수결과표를 보면 예상 외인 경우, 당황스럽다. 이거 도대체 뭐 하는 건가? 회의감이 밀려온다. 이럴 땐 정말이지 이런 짓, 때려치우고 싶다.

내가 제도권 교육기관인 대학에서 가르치는 과목은 자기를 탐색하고 발견한 자신을 표현하는 자기 발견적 학습이다. 이런 과목임에도 점수로 평가를 해야 한다. 평가를 받기 위해 학생들은 시험을 치르고 점수에 따라 일렬로 줄을 선다.

대학에서 강사로 학생들을 가르치는 일을 시작한 초기에는 시험 문제를 출제할 때 상당히 어색했다. 나는 학생들을 평가하기 위해 문제를 내고 학생들은 내가 가르친 것을 잘 기억했다가 시험을 치른다. 나에게 평가받는다. 나의 처분에 따라 일렬로 선 줄에서 등급이 나뉜다. 나에게 부여된 이 권한은 도대체 무엇이란 말인가?

나름, 학생들과 상당히 평등한 관계를 맺으며 교수라는 권위 의식을 버리고 학생들과 같이 배운다는 마음으로 수업에 임했는데 시험이란 제도 때문에 말짱 도루묵이 된다. 나는 시험문제를 내고 그들은 내가 낸 문제의 답을 맞추려고 노력한다. 심하게 표현하면 나는 주인이고 그들은 노예다. 내가 물어본 것에 답해야 하니까. 내 처분에 따라 등급이 달라지니까.

　초창기에는 시험 문제를 출제할 때 정해진 답을 맞히는 능력보다는 학생들의 자유로운 생각을 알기 위해 주관식으로 답할 수 있는 열린 문제를 출제했다. 채점할 때, 시간이 많이 걸리고 머리가 아프다. 어느 선까지 정답으로 할 것인지 나조차도 기준을 정하지 못해 이랬다저랬다 한다. 거기다 내가 부여한 점수에 대해 학생들이 확고하게 신뢰할지 자신이 없었다. 그래서 똑 떨어지게 답이 나올 수 있는 객관식 문제를 출제하기 시작했다. 분쟁의 소지를 줄이기 위해 택한 나름의 방편이다.

　내 수업은 습득한 지식을 확인하고 측정하는 시험이 아니길 바라는 마음에서 시험시간에 학생들에게 각자가 요약, 정리한 컨닝페이퍼를 1페이지 작성해 오라고 한 적도 있다. 컨닝페이퍼에 쓸 내용을 선택하는 것도 본인의 능력이며 그것을 작성하면서도 공부가 된다고 생각했기 때문이다. 학생들은 좋아서 난리다. 시험공부에 들이는 시간을 절약할 수 있어서 좋아한다. 그런데 시험을 치르고 나가는 학생에게 "시험 잘 봤니? 네가 만든 요약 페이퍼에서 많이 나왔어?" 하고 물으니 똥 씹은 표정이다.

　그때 또 생각했다. 그래, 나에게 주어진 이놈의 권한은 대체 무엇이란 말인고? 내가 수업시간에 말한 것을 저 학생은 다 알아야 하는가? 내가 뭔데? 저 학생은 나름 중요하다고 생각한 것을 정리, 요약했을 텐데 내가 출제한 문제에는 그것이 없었다. 오히려 내가 낸 문제가 아닌 것을 다른 학생들보다 더 많이 알고 있었을지도 모른다. 그 학생은 잘 찍지 못한 것이다. 찍는 것도 실력이라면 할 수 없지만 말이다. 지식을 습득하고 기술을 연마하는 수업이라면 이런 시험을 통해 아는 것을 평가할 수 있겠지만 자기의 내적 힘을 키워가는 셀프 리더십(Self Leadership) 수업에서 이건 도대체 뭐란 말인가?

길들이는 방편, 평가

우리 사회에서 벌어지는 많은 평가는 '길들이기' 위한 방편이다. 평가를 하는 사람이나 집단이 문제를 내고 기준을 정한다. 기준. 그건 언제부터, 왜 생긴 것일까? 그게 맞는 기준일까?

학창 시절 운동장에서 줄을 설 때면 선생님이 한 학생을 지목해 기준을 정해줬다. 그 학생을 기준으로 우리들은 뒤편과 좌우로 길게 줄을 섰다. 그 학생은 우렁차게 외쳤다. 기준!

평가가 넘쳐나는 사회다. 학생들만 평가를 받는 건 아니다. 대학도 난리다. 매년 언론사에서 주관하는 대학평가를 잘 받기 위해 평가지표를 관리한다. 교육부는 평가를 통해 낮은 등급을 받은 학교는 국가장학금 혜택을 주지 않거나 각종 지원을 끊는다. 때문에 대학들은 교육부에서 제시한 평가지표에 근거해 대학을 운영한다. 대학은 얌전하게 그 평가를 받는다. 교수는 자기가 정한 기준에 따라 학생들을 평가하고 학생들은 아무 소리 없이 그 평가를 받는다.

요즘은 상황이 좀 바뀌었다. 학기 중과 학기말에 CQI(Continuous Quality Improvement)라고 해서 학생들이 교수의 수업 방식과 내용을 평가한다. 10개가 넘는 질문에 학생들이 1점부터 5점(매우 훌륭)까지 점수를 준다. 주관식 평가도 한다. 그 평가 내용을 읽다가 부끄러워 얼굴이 붉어지기도 한다.

중앙정부나 지자체의 보조금으로 운영되는 수탁 기관이나 시설, 정부나 지자체의 보조금을 지원받아 수행하는 사업은 어떠한가? 각종 지도 점검과 감사 때가 되면 기관과 시설에서 일하는 활동가와 직원들은 초죽음이다. 지도 점검과 감사를 대비하기 위해 몇 자루, 몇 박스의 서류를 준비한다.

돈을 받았으면 당연히 해야 하는 일 아니냐고? 그런데 그 정도가 심하다. 증빙은 오직 서류이며 사업에 대한 평가는 숫자로 증명하는 양적인 평가다. 그들의 논리는 들어간 돈, 즉 비용 대비 효과다. 저렴한 비용을 들였는데 그 교육이나 행사에 많은 사람이 모였으면 효과가 좋은 것이다. 쪽수 대비 비용에서 그렇다. 그러니 아직까지도 강당에 수백 명을 모아놓고 유명 인사를 초청해 강의를 한다. 강의야말로 재고해야 할 교육

방식이다. 내가 하는 말이 아니라 독일 철학자 가다머가 그리 말했다. 이렇게 유명한 누구의 말을 빌려 말하면 사람들은 더 믿는다. 나보다 가다머가 더 권위 있기 때문이다.

우리 사회는 평가를 통해 사람과 상황을 통제한다. 감사, 평가가 권력이 되었다. 이 힘에 다수가 끌려간다. 지금 우리나라에서 벌어지는 온갖 평가의 문제는 일방적으로 주어진 평가자의 권한과 평가 방식이다. 그 권력을 나누어야 한다. 평가 기준과 방식을 함께 논의해야 한다. 민주주의가 바로 그런 것 아닌가. 1/N의 권한, 참여, 발언, 제안.

모든 과정은 숫자로 환산된다

나는 학교 수업에서 나에게 부여된 평가의 권한을 학생들과 함께 나눈다. 발표수업의 경우 학생들 스스로가 다른 학생들의 발표를 평가한다. 평가 기준도 함께 토의해서 정한다. 발표자의 발표력(학생들과의 공감력, 발표자의 자신감), 발표 자료의 충실성, 수업시간에 배운 것의 반영도 등 평가 기준을 함께 정한 뒤, 각 항목마다 점수 간격을 어떻게 정할 것인지도 논의한다.

나에게 부여된 과중한 평가의 부담을 나눠서 좋기도 하고 학생들이 평가하는 눈을 길러내기에도 좋은 방식이라 생각한다. 아이들이 작성한 평가표를 보면 대략 내 평가와 일치한다.

간혹, 이해가 안 가는 학생의 평가지도 있다. '이 학생은 도대체 무슨 생각으로 이런 점수를 주었을까?' 점수를 부여하기 전에 학생들은 발표자에게 질문과 피드백을 한다. 발표 내용 중에서 궁금한 것을 묻는다. 이렇게 발표자와 평가자가 상호소통한 뒤 점수를 부여한다. 그래도 내가 보기에 공정하지 못하게 점수를 부여한 것 같은(?) 평가지가 있다.

평가자인 학생이 호감을 갖는 발표자에게 높은 점수를 부여한 것이 의심되는, 그래서 아쉽기도 한 그런 평가지. 그렇지만 뭐 우야겠노. 그것 또한 그 발표자의 능력이려니 할 수밖에. 나 또한 학생들에게 점수를 부여할 때 완전 공정하다고 어찌 판단할 수 있을까? 수업시간에 내 통제를 잘 따르는 고분고분한 학생이나 내 취향에 맞는 창의적이고 진지한 학생에게 더 좋은 점수를 주었을지도 모른다.

평가는 객관적이어야 한다고 말한다. 어떠한 것이 객관적인 것일까? 숫자나 그래프로 나타내고 감정을 배제하는 것? 사람들은 상황을 셀 수 있는 수(數)로 나타내는 걸 좋아한다. 숫자가 나오면 신뢰도가 급상승한다. 내가 경험한 바로는 특히 언론사가 그렇다.

내가 성남여성의전화에서 일할 때다. 가끔 가정폭력이나 성폭력 피해 여성들의 현황에 대해 보도 자료를 내는 데 상담 내용을 유형화, 범주화해서 백분율(%)로 표시하고 막대그래프나 원그래프까지 그려주면 언론사에서 아주 좋아했다. 설문에 응한 피해 여성들이 답한 것을 범주로 만드는데[13] 사실 상담을 하다 보면 이 범주에 속하지 않는 것이 많다.

망망한 바다에 그물을 던졌을 때 내가 잡은 물고기만 그 바다에 사는 걸까? 내가 접하지 않았다고 이 세상에 없는 사람이고, 내가 알지 못하는 것이라고 존재하지 않는 것일까? 물론 내가 잡은 물고기, 내가 만난 사람, 내가 아는 그것을 바탕으로 이야기를 전개해야겠지.

하지만 범주화하면서 떨어져 나간 것, 기타 등등에 속하는 것의 소리를 들어야 살아 있는 세상이 아닐까? 소위, 객관적이라는 것이 있기는 한 건가? 수많은 주관이 모여 객관이 된다. 그러니 먼저, 주관적 평가를 잘할 일이다. 간주관성(間主觀性), 주관(主觀)과 주관(主觀) 간의 소통만 있을 뿐이다.

우리는 왜 평가를 하는 것인지 그 이유를 잊어버렸다. 일이 잘되게 하려고 평가하는 것이다. 과정에서 어떤 일이 있었는지 따져본 후, 다음에는 좀 더 나은 방식으로 하고자 함이다. 그런데 평가자의 평가 결과가 평가당한 사람에게 전달되지 않는다. 피드백이 안 된다.

아니다, 피드백이 되기는 한다. 줄을 세운 등수를 알려주고 숫자로 평

---

13) 예를 들면 이렇다. "남편이 어떻게 때리나요?"라는 질문에 1)따귀를 때린다 2)집 안에 있는 기구를 사용해서 때린다 3)무릎을 꿇게 한다 4)마구 때린다 5)욕설을 한다 6)기타 등. 이렇게 학대하는 방식을 서너 개의 범주로 만든 후, 그것에 맞추어 답하게 한다.

가된 등급에 따라 상을 주거나 벌을 준다. 줄을 세우기 위해 평가자는 모든 평가 항목을 점수화한다. 모든 과정은 숫자로 환산된다. 숫자는 결론이다.

평가는 피드백을 위한 것이어야 한다

정부나 지자체에서 발주한 프로젝트를 수행할 때 모든 담당 공무원들이 서류로만 평가하는 것은 아니다. 가끔 현장에 실사를 나온다. 아주 잠깐 들렀다 간다. 그렇지 않은 공무원도 봤다. 프로그램 시작부터 마무리까지 함께하면서 학습자들이 울고, 웃는 것을 보고 어린아이를 데리고 온 학습자가 프로그램에 몰입하도록 아이와 놀아주기도 하면서 생생한 현장에 같이 있는 아름다운 사람도 있었다.

이렇게 직접 현장에 와봐야 아이가 있는 주부들을 위해 프로그램 시간에 아이를 대신 봐주게 하는 정책을 제안할 수 있고, 직장 일 끝내고 피곤에 절어 교육에 참여한 학습자들을 위해 학습휴가 같은 제도가 생겨야 한다는 발상도 할 수 있지 않을까. 일이 잘되기 위해서 하는 것이 평가라면, 평가가 끝난 후 대안과 제도 개선이 나와줘야 하는 것 아닐까?

프리랜서로 여기저기 다니며 강의하고 워크숍을 운영하는 나도 평가를 받는다. 학습자가 하는 만족도 조사다. 나는 이 만족도 조사에 대한 결과를 통보받은 적이 한 번도 없다. 교육을 기획하거나 운영한 자들만 알고 있다. 교육에 대한 반응이 좋았으면 나를 또 부르고, 아니었다 싶으면 다시 부르지 않는다. 그것이 그들의 평가였다. 낮은 점수를 받은 강사는 버리는 것이 그들의 평가였던 것이다.

"당신은 이번 강의 만족도 평가에서 이러저러한 점이 훌륭하다고 평가되었고 이러저러한 점이 부족하다고 나왔습니다."라는 정도의 피드백은 나에게 해 줘야 하는 거 아닐까. 이제는 대학에서도 다하는 이런 식의 피드백을 왜 강사에게 주지 않는 것일까?

이제는 강사와 강의에 대한 만족도 조사가 교육활동의 필수품이 되었다. 성질 급한 실무자는 강의나 워크숍이 끝나기도 전에 교육 참여자들에게 평가지를 나눠준다. 밥을 먹어치우듯, 평가지도 해치워야 하는 일이 되었다. 프로그램이 끝난 후 나눠줘도 되는데…. 참 성질 급해서.

교육은 기획자, 운영자, 교수자, 학습자가 모두 관여된 활동이다. 평가를 한다면, 서로가 서로를 평가하고 그 결과 또한 서로에게 전달되어야 하지 않을까.

인간적으로 평가하자

다른 이가 감시자, 평가자의 눈으로 볼 때, 나는 심장이 제거된 사물, 한번 갖고 노는 장난감이 된 기분이다. 고장 난 자동차의 엔진처럼 낡으면 갈아 끼우는 부품으로 취급당하는 것 같다. 평가당하는 기분이 어떤 것인지 당혹스런 경험을 한 적이 있다.

나는 그 기관과 파트너 관계였다고 생각했다. 그런데 그들은 생각이 달랐나 보다. 갑자기 우리 기관 강사들에게 면접시험 과정을 밟으라고 한다. 몇 해 전까지 같은 테이블에 앉아 프로그램을 함께 상의했던 사람들인데 이제 그들은 갑, 나는 을이 되었다.

면접장이라는 곳에 들어가서 깜짝 놀랐다. 그들은 테이블이 있는 의자에 앉아 있고 나는 그들에게서 3미터 정도 떨어진 곳에 달랑 놓여 있는 의자에 앉았다. 다리를 어떻게 해야 할지, 손은 어디에 두어야 할지, 눈빛은 어찌해야 할지…. 상대는 옷을 입고 있는데 나는 옷이 홀라당 벗겨진 느낌이랄까. 하여간 씁쓸했다.

평가자가 평가당하는 사람과 일정한 거리를 두고 떨어져 있는 것은 그래야 잘 보이는 것도 있지만, 친밀감을 느끼는 거리에서는 감정에 흔들려 이성적인 평가를 할 수 없다는 생각에서겠지. 평가는 감정이 개입되면 안 되는 것인가? 감정을 가진 인간이 평가하는데 그게 가능하기나 한 것인가? 의문은 계속된다. 평가자와 평가당하는 사람이 함께 평가하는 것은 불가능한가?

나는 수업에서 최대한 학생들과 함께 평가 기준을 합의한다. 중간고사는 리포트에 대한 나의 주관적인 평가다. 물론 어떤 기준으로 평가할지 미리 안내하지만 결국은 내가 점수를 부여한다. 학생들이 이해하고 납득할 수 있는 평가를 위해 나는 이렇게 한다. 학생들 가운데 몇 명이 자신이 작성한 리포트를 전체 학생들 앞에서 발표한다. 그 발표 리포트에 대해 수업에 참여한 학생들이 함께 토의하고 평가한다. 그 다음, 모든 학생들이 스스로 자신의 리포트에 점수를 부여할 기회를 준다. 이렇게 발표를 한 학생이나 발표를 들은 학생들 모두 평가 기준을 다시 한 번 확인한다. 그래도 최종점수는 내가 준다. 인간적으로 사는 것 쉽지 않다.

서로가 서로에게 상을 주자

나는 초등학교에 입학하자마자 '경필대회'에서 상장을 탔다. 엄청 좋아하시던 엄마, 아버지는 그 상장을 액자에 넣어 벽에 걸어두시고 오랫동안 흐뭇해하셨다. 군대에서 시행한 마라톤대회에 출전해 1등을 한 아버지는 그 소중한 상장을 액자에 넣어 평생을 지니고 사셨고, 술만 드시면 그분, 위대한 노○○ 장군에게 상장을 받은 거라고 자랑을 늘어놓으셨다.

상(賞)을 탄다는 것은, 그가 속한 집단에서 사회적으로 인정받았다는 의미, 인정의 표시다. 상, 상장, 표창장에 숨겨진 또 다른 이데올로기는 이것이 권력에 자발적으로 복종하게끔 하는 근대식 신상필벌(信賞必罰)의 수단이라는 것이다.

초·중·고등학교 졸업식에서는 성적과 품행이 우수한 학생들이 상을 받았다. 도지사상, 교육감상. 학교장상 등, 사회에서 큰 권력과 권한을 가진 분들에게 치하를 받았다. 지금 생각해보면 그리 대단한 것이 아닐 수도 있는데 조회 때마다 교장 선생님이 올라가시던 운동장의 연단이 하늘만큼 높게 보였던 당시 우리들에게 도지사상, 교육감상, 학교장상은 권력자에게 인정받은 것, 우쭐댈 만한 일이었다.

사회가 상·하 위계적인 질서에서 평등한 관계로 변해간다. 물론 아직까지도 기업과 행정기관 조직에서는 직급에 따라 권한의 크기가 달라 의사결정의 관여도에 차이가 나긴 하지만 시민사회는 점차로 시민들이 1/N의 힘을 행사해간다.

대한민국은 민주공화국이다. 모든 권력은 국민으로부터 나온다. 국민, 시민의 1/N은 투표장에서만 행사하는 것이 아니다. 일상에서도 1/N의 힘을 자각하고 행사해야 한다고 생각했다. 그 일환으로 하게 된 것이 '우리가 주는 상' 이벤트다.

나는 교육 워크숍마다 마무리할 때 학습자(참여자)들이 함께한 참여자에게 상을 주는 시간을 갖는다. 참가자 각자가 서로에게 주는 피드백이다. 목표 관리 전문가 브라이언 트레이시가 말하듯, "칭찬이란 그 사람의 특징에 대한 존경심의 표현"이다. 워크숍에 참여한 학습자들은 긴 시간 함께한 동료의 특징을 잘 파악해서 그 사람에게 피드백을 하는데 그 표현이 훌륭하다.

나태주 시인의 말처럼 꽃송이 하나하나에게 눈을 맞추었을 때만이 나올 수 있는 표현이 많다. 워크숍에 참여한 학습자들이 모둠별로 상의해 다른 모둠의 팀원 중 한 명을 선정해 상장을 수여하기도 한다. 수상식도 거창하게 한다. 상장을 만든 팀에서 수상자에게 상장을 수여한다. 상을 주는 기쁨, 1/N의 힘을 행사하는 거창한 의식인 셈이다.

5

나를 아는 가장 쉬운 길, 질문

헤르만 헤세의 소설 『싯다르타』에는 진리를 찾기 위해 길을 떠나는 브라만 계급의 아들 싯다르타가 나온다. 그는 깨달음을 얻기 위해 친구 고빈다와 함께 고행의 길을 가던 중, 깨달은 자 고타마를 만난다. 많은 사람들이 그를 따르지만 싯다르타는 그를 떠난다. 깨달음은 깨달은 자에게 전수 받을 수 없는 것, 오직 자기 스스로, 자기 산을 올라야 한다는 것을 안 거다.

먼저 칼을 뺍고, 그걸 믿어요

드라마 〈육룡이 나르샤〉[14]에서 정도전이 자신의 호위무사인 이방지에게 물었다. "방지야, 너는 싸움을 할 때 말이다. 칼을 어느 쪽으로 뺍어야 할지 모를 때 어떻게 하느냐?"

세상이 지금 어떻게 돌아가고 있는지, 내가 싸우는 상대방은 어떻게 나올지 예측하고 판단해야 하는 전략가가 지금 어찌하는 것이 옳은 선택인지 계산이 되지 않을 때, 참으로 난감할 것이다. 답이 안 나오는 진퇴양난의 상황이다. 자장면이 좋은지, 짬뽕을 먹을지 고르는 단순한 선택이 아니다. 딸린 식구, 패거리가 많을 때는 피가 마를 것이다.

우리가 어떤 행동을 할 때는 내 밖의 세상을 이리저리 잰 다음 칼을 뺍는다. 이미 견적, 계산이 나왔기에 확신을 갖고 행동한다. 그런데 그것이 도저히 계산되지 않을 때는 어찌해야 할까? 이방지가 정도전에게 답한다. 그때, 자기는 자신이 칼을 뺍는 쪽을 믿는다고. 먼저 칼을 뺍고 난 뒤, 그것을 믿는다는 말이다. "와~우, 무사가 어찌 이런 것을 어찌 알았을까?"

먼저 판단해서 믿고 행동한다는 것과 내가 칼을 뺀 곳을 믿는다는 것

---

14) 2015년 10월 5일~2016년 3월 22일까지 SBS에서 방영한 사극. 고려라는 거악에 대항해 고려를 끝장내기 위해 몸을 일으킨 여섯 인물의 이야기.

은 어찌 다를까? 미리 계산하고, 견적을 낸 뒤 행동하는 쪽이 안전할지 모른다. 세상에서 일어나는 모든 일은 다 확률이다. 하지만 세상이 다 계산되는 것이 아니며 매번 나의 선택에 확신이 서는 것은 아니다. 그럴 땐, 내가 칼을 뻗는 곳을 강하게 믿는다. 그러면 상황이 내가 칼을 뻗은 쪽으로, 그렇게 펼쳐진다. 이방지 무사는 거의 붓다 수준인 거다.

한 제자가 붓다에게 물었다. "제 안에 마치 두 마리 개가 살고 있는 것 같습니다. 한 마리는 매사에 긍정적이고 사랑스러우며 온순한 놈이고 다른 한 마리는 아주 사납고 성질이 나쁘며, 매사에 부정적인 놈입니다. 이두 마리 개가 항상 제 안에서 싸우고 있습니다. 어떤 녀석이 이기게 될까요?" 이 질문에 붓다는 아주 짧은 한마디로 대답한다. "네가 먹이를 주는 놈이 이긴다."

온순한 놈이 아니다. 사나운 놈이 아니다. 내가 먹이를 준 놈이 이긴다. 나는 이 이야기가 '나'를 주어로 사는 삶, 나의 선택에 관한 명쾌한 사례라 생각해서 교육 워크숍에서 이 이야기를 자주 나눈다. 먼저 붓다의 제자처럼 교육 참여자들에게 "어떤 녀석이 이길까요?"라고 질문을 한다. 다들 부정적인 놈이요, 온순한 놈이요…. 뭐, 그런 말만 한다. 도무지 '나'가 없다. 우린 이렇게 '나'가 빠진 세상에 산다.

상대 무사의 심리, 내가 서 있는 지형, 시시각각 다르게 불어오는 바람, 숨을 들이쉬는 공기, 그와 내가 마주 선 이 맥락 등 많은 요소들이 얽힌 상황에서 칼을 뻗어야 하는데 기존에 배운 패턴과 방법으로는 답이 안 나온다.

그때, 나는 칼을 뻗으면서 그것을 강하게 믿는 것이다. 그러면, 그 상황이 순식간에 나에게 유리하게 만들어진다. 나는 그 상황 속에 있는, 그 상황에 영향을 미치는 아주 중요한 요소, '초기값'이기 때문이다. '에이 모르겠다, 아무 쪽이나 칼을 뻗자'는 것이 아니다. 아무 쪽이나 내키는 대로 칼을 뻗은 것이 핵심이 아니라 내가 디딘 그 방향, 내가 칼을 뻗은 그쪽을 믿는다는 게 중요한 거다.

지금 여기의 나를 믿어야

자기 자신을 믿는 게 이리도 힘든 일이던가? 사람들은 왜 자기가 살고 있는 지금 여기가 아닌 다른 곳, 자기 밖의 저세상, 피안(彼岸)에서 진리를 찾을까? '지금 여기'를 살아갈 자신이 없고 '지금 여기'를 사는 자신을 믿지 못하기 때문이다.

두려워서다. 자신의 민낯이 부끄럽고, 자기를 믿지 못하기에 자기밖에 허상(虛像)을 만들어 놓는다. 여럿이 합의해 놓은 그 허깨비를 진리라 믿으며 산다. 권력, 권위, 이데올로기, 관습, 관행….

허상에 기대 사는 우리들은 서로 싸우기도 한다. '내가 믿는 것이 맞다, 네가 말하는 것은 틀렸다.' 자기 말을 증명하려고 같은 편을 만든다. 조정, 절충, 야합. 협상도 한다. 핵심에 도달하면 될 일을, 한 방에 해결할 일을 복잡하게 만들며 산다. 진리는 가까이 있기에 어찌 보면 쉬운 건데 먼 길로 돌아간다.

내가 나를 믿지 않으면 이 세상 누가 이 미천한 나를 믿어줄까. 부모, 남편, 자식, 친구…. 다들 나를 안 믿는다. 자기도 자기를 믿지 않으면서 남들에게 믿어달라고 억지를 쓰는 사람들이 있다. 자신을 믿지 못하는 사람들이 많다. 자기 안에 들어와 있는 천지(天地)의 힘을 못 느낀다. 안타까운 일이다.

가끔 나가는 교회에서 어느 날 설교를 들었는데 성령이 무엇인지 감이 살짝 왔다. 예수는 지금까지 살았던 인간 중 '최고의 인간'이고 성령은 바람과 같은 것이라면…. 그런데 하나님은 도무지 모르겠다. 예배 후 목사님께 물었다. "목사님, 예수도 성령도 알 것 같은데 하나님은 잘 모르겠네요."

목사님이 "당연합니다. 하나님을 안다고, 알았다고 여기저기서 말하는 거 위험하고 거짓입니다."라고 하신다. 하나님은 알아가는 것, 아니 만나가는 것, '-ing'인 거다. 알고 싶으면, 만나고 싶으면 내가 발을 딛고 있는 이 땅, 내 안에 들어와 있는 천지, 우주를 느끼고 알아가야 한다. 나를 알아가야 한다. 기독교 영성가 에바그리우스 폰티쿠스(Evagrius Ponticus)도 말하지 않았던가? "만약 네가 하나님을 알고 싶으면 너 자신에 대해 알도록 해라."

모든 것은 질문 속에 있다

알고 싶으면 먼저 물어야 한다. 묻지 않았는데 답이 있을 리 없다. 베네딕도 수도회의 계율에도 있다. "묻지 않는 것에 대해서는 말하지 말라." 그 물음은 죽을 때까지 가져가는 것. 하나님을 알고 싶으면 나를 물어야 한다. 한 번 물었다 해서 끝나는 것이 아니다. 법정스님의 말처럼 묻고, 묻고 또 물어야 한다.

나는 누구인가. 스스로 물으라.
자신의 속 얼굴이 드러나 보일 때까지
묻고 묻고 물어야 한다.
건성으로 묻지 말고
목소리 속의 목소리로
귀 속의 귀에 대고
간절하게 물어야 한다.
해답은 그 물음 속에 있다.
– 법정, 『산에는 꽃이 피네』 중에서

2009년 MBC에서 방영한 드라마 〈선덕여왕〉에서 미실공주와 선덕여왕의 대화를 보면 질문이 주는 신선한 자극과 그 질문에 대한 답을 찾으며 온전히 알게 되는 배움의 참맛을 알 수 있다.

드라마 〈선덕여왕〉 29화에서 덕만공주는 책력을 백성에게 공개하는 문제와 관련해 미실과 대담을 한다. 격물과 치지를 분리하려는 덕만공주에게 미실이 질문을 하고 덕만은 그 질문에 대답해가면서 그동안 명확하지 않았던 자신의 생각을 정리해간다.

미실과의 대담이 끝난 후 덕만은 유신과 대화하면서 이렇게 말한다. "이야기를 나누며 놀랍더이다. 수많은 질문에 답을 하면서 놀랍더이다. 정말 이게 내가 하고 있는 말이 맞는지, 내가 이런 생각을 한 적이 있었는지 오래전부터 생각하고 고민한 것처럼 대답하더이다." 덕만은 질문이라는 자극을 받으면서 자신 안에 있던 답을 끌어내며 성장해간 것이다.

나도 오래전 워크숍에서 질문의 강력한 힘을 경험했다. '당신의 존재 목적은 무엇입니까?'라는 질문을 받고 뒤통수를 세게 맞은 느낌이었다. 요즘 유행하는 코칭의 스킬로 말하자면, 파워풀한 질문이었다. 그런 것 생각하지 않고 살았다. 그냥 아침에 눈 뜨면 일어나서 식사 준비하고, 아이 챙겨서 어린이집 보내고 출근하고 그냥 살았다.

그나마 목표를 추구하는 인간인지라 5년 정도의 목표는 세워두고 그렇게 나름대로 열심히 산다고 생각했다. 어떻게 태어난 인생인데 내 존재

목적도 모르고 산단 말인가? 참으로 한심하다는 생각이 들었다. 아침에 눈을 뜨는 이유, 나의 존재 이유도 모른 채 눈을 뜨고, 세수하고, 출근하고, 싸우고….

질문(質問)이 주는 자극. 대단하다. 질문은 문이다. 문 문(門)과 입 구(口)가 결합한 한자다. 문을 열어야 밖으로 나간다. 문을 열어 세상을 보니 알 수 있고, 알게 된다. 물어야 세상 밖으로 나갈 수 있고 물어야 내 안으로 깊이 들어갈 수 있다. 바이런 케이티는 『네 가지 질문(Loving what is)』이라는 책에서 딱 4가지 질문으로(1. 그것이 진실인가요? 2. 당신은 그것이 진실인지 확실히 알 수 있나요? 3. 그 생각을 생각할 때 당신은 어떻게 반응하나요? 4. 그 생각이 없다면 당신은 누구일까요?) 우리가 살면서 얼마나 많이 그리고 자주 생각과 사실을 구분하지 못하고 살았는가?에 대한 깨달음을 준다.

『신과 나눈 이야기(Conversation with God)』의 저자인 닐 도날드 월시는 49세의 어느 날 밤, 잠에서 깨어 일어나 자신의 인생을 그토록 엉망진창으로 만든 신에게 항의하는 편지를 쓰면서 놀랍게도 신에게서 자신의 질문에 대한 답을 얻는다. 이들은 물었기에 답을 받은 것이다. 답을 얻은 것이다. 그것을 알게 된 것이다. 『신과 나눈 이야기』는 내 밖에 있는 것들이 나를 괴롭히고 고통스럽게 한다는 생각으로 힘들어하던 시절, 나를 위로한 책이다.

훌륭한 스승은 먼저 가르치지 않는다

내게는 소중한 보물창고가 하나 있다. 컴퓨터에 있는 수많은 문서 중 하나인데 파일 이름은 바로 '질문 창고'다. 살면서 알고 싶은 것에 대해 질문을 만들어 모아 놓았다. 몇 개만 공개하려는데 한번 보시려는가?

김영미의 질문 창고

〈2009년 6월 9일〉

¤ 나는 언제 상처를 받는가? 그때, 나는 어떤 느낌인가?

¤ 내 마음속 깊은 상처는 무엇인가?

¤ 교육으로 사람들을 치유할 수 있다면 무엇으로 치유할까?

¤ 나를 치유하는 내 자신만의 치유법이 있다면?

¤ 상처와 치유를 한마디로 정의한다면?

〈2015년 1월 19일〉

¤ 나는 언제 사랑하고 있다고 느낄까? 사랑받고 있다고 느낄까?

¤ 평가는 주관적일까? 객관적일까?

¤ 침묵의 세계는 무엇이며, 어떻게 하면 그 세계에 들어갈 수 있을까?

¤ 혼자 있다고 침묵의 세계에 들어선 것일까?

¤ 게임을 하는 것과 책을 읽는 것은 무엇이 다른가?

¤ 예술이란 무엇인가? 사람들은 왜 표현하는가?

〈2016년 2월 27일〉

¤ 나는 왜 화가 날까? 이 화는 어디서 온 것일까?

¤ 내가 잃어버린 것은 무엇인가? 잃어가고 있는 것처럼 느껴지는 것
  은 무엇일까?

¤ '너'가 되는 것과 '그것'이 되는 것은 무엇이 다른가?

¤ 신이 인간에게 준 선물에는 무엇이 있을까?

¤ 내가 신에게서 받은 선물에는 무엇이 있는가?

〈2016년 3월 8일〉

¤ 나는 어디서 언제 영감을 얻는가?

¤ 느낌은 받는 것일까? 오는 것일까?

¤ 생각은 하는 것일까? 떠오르는 것일까?

〈2017년 3월 14일〉

¤ 내가 버려야 할 것, 살기 위해 버려야 할 것에는 무엇이 있을까?

¤ 나이 들수록 나는 왜 했던 말을 반복하는가?

¤ 다른 사람의 말을 들을 때 왜 다 듣지 못하는 것일까?

〈2017년 11월 15일〉

¤ 꾸미는 겉모습은 자기일까? 아닐까?

¤ 기로에 섰을 때 나의 느낌은? 어찌해야 하는가?

¤ 흔들린다. 언제 흔들림을 느껴보았는가?

¤ 사람은 어느 때 말하고 싶어지는가? 어느 때 가만히 침묵하고 싶어
　지는가?

〈2018년 11월 20일〉

¤ 위로는 어떻게 하는 것일까요?

¤ 지금 나는 어느 곳을 바라보고 있는가?

¤ 예수가 말한 "내가 곧 길이요. 진리요, 생명이니 누구든지 나로 말
　미암지 않고는"(요 14:6) 이 말의 뜻은?

¤ 교수자는 학습자와 함께 호흡하는 자. 어떻게 호흡할까?

〈2019년 9월 1일〉

¤ 당신은 언제 자신의 심장 소리를 들어보았는가?(언제 살아 있음을
　느꼈는가?)

¤ 깨어난다는 것은 어떠한 상태인가?

〈2019년 9월 2일〉

¤ 사람들은 왜 판단하고 규정하는 것일까?

질문을 받고 거기에 응답하는 방식이 배움이다. 사실 배움이라는 것은 물음이 있어야 가능하다. 가르쳐서는 안 되지만 그래도 가르치고 싶다면 법륜스님이 요즘 하는 '즉문즉설'과 같은 방식이 적당하겠다.

경전, 교재, 텍스트를 중심에 두고 교수자가 설명하는 방식의 가르침은 자꾸 그것을 절대화한다. 성인의 말을 기록한 것이 경전이고, 보편적 지식을 집적한 것이 텍스트다. 그건 그냥 참고하면 될 터인데, 그것이 전부인 것처럼 절대적으로 믿는다. 이 세상 그 어떤 위대한 텍스트라 해도 지금 여기서 살아가고 있는 우리의 삶보다 더 큰 경전, 텍스트는 없다.

그래서 훌륭한 스승은 먼저 가르치지 않았다. 예수도, 석가도, 공자도 모두 제자가 묻고 그 물음에 응답했다. 그래야 줄탁동시(啐啄同時)가 된다. 병아리가 알을 깨고 나오려 할 때 밖에서 건드려주는 것, 알을 깨고 나오려는 그 움직임이 바로 질문이다. 세상에 질문이 있어 참 좋다. 우리에게 '질문'을 주신 이에게 무한한 감사를….

6

나 홀로 간다

내가 길이다. 내 안에 수만 가지의 길이 들어와 있기에 내가 걸으면서 '길'이 된다. 모든 것은 나에게서 시작되고 나에게서 끝난다. 그런데 왜 사람들은 나에게서 시작하지 않고 다른 것에서 시작하려는 것일까? 온갖 권위에 기대어 자기를 감춘다. 아니 자기를 모른다. 성인, 위인, 성경, 불경, 전통, 관습에 기댄 우리는 시작을 잊고 방황한다.

나는 나다

나는 오래전부터 셀프 리더십 프로그램을 진행할 때 '나는 _____다'라는 문장 형식에 맞추어 50개를 쓰고 발표하는 시간을 가졌다. 이 프로그램은 집단 상담에서 사용하는 도구를 빌려온 것으로 셀프 리더십 워크숍에서 이 도구를 사용해 자기 탐색, 자기 발견을 했는데, 여기에 이상한 힘이 있다.

교육현장에서 이 도구를 수백 번도 더 썼는데 매번 감동이다. 문장의 시작은 '나는'이고 끝말은 '다'이다. '나는'과 '다' 사이에 어떤 말이 들어와도 상관없다. 나는 여자다, 나는 남자다, 나는 ○○○ 동에 산다, 나는 대한민국 국민이다, 나는 대학생이다, 나는 두 아이의 엄마다, 나는 ○○살이다…. 누구나 다 뻔히 알 수 있는 문장부터 나는 솔직하다, 나는 정직하다, 나는 친절하다, 나는 예민하다…. 내가 생각하는, 혹은 다른 사람이 나에 대해서 말하는 성격과 기질까지 다양하게 쓸 수 있다. 좋아하는 것, 바라는 것을 써도 된다.

무엇이든 다 된다. 이 세상에 '나'를 주어로 말할 수 있는 사람은 오직 '나'뿐이다. 내 부모, 남편, 아내 모두 다 나를 부를 때 '나'라고 하지 않는다. 심지어 내가 죽고 못 사는 자녀도 나를 엄마, 어머니라고 부르지 '나'라고 부르지 않는다. '나는 나다.'

나는 이 도구를 교육현장에서 실행하기 전에 직접 '나는'으로 시작해서 '다'로 끝나는 문장을 50개 써 보았다. 37살이었다. 어느 날 세상을 보니 많이 변해 있었다. 그동안 내가 살아온 곳과 다른 곳으로 가려는데 이미 사람들은 다 저기쯤 가 있었다. 그쪽으로 가려면 반반한 이력이나 자격증 뭐 그런 것이 있어야 견주기라도 할 텐데 나는 아무것도 없었다.

이른 새벽 조용한 시간에 일어나 '나는'으로 시작하는 글을 쓰는데 잘 안 써진다. 30개 정도까지는 그나마 이것저것 썼다. 그런데 더 이상 안 나온다. 자리에서 일어나 집 안을 왔다 갔다 하다가 다시 마음을 다잡고 자리에 앉아 인내심을 갖고 50개를 썼다.

눈물이 흐른다. 발가벗은 것 같은데 부끄럽지는 않다. 바람 부는 벌판에 나 홀로 서 있는 것 같은데 기운이 빠지는 게 아니라 힘이 더 생기는 걸 느꼈다. 그때, 나는 내 과거, 내가 살아온 수많은 날과 내가 만나는 사람들, 내 환경을 받아들였다. 그것도 나임을 인정한 것이다.

내가 좋아하고 존경하는 수녀님이 어느 날 좋은 글귀 '인간을 인간이게 하는 말'을 알려주셨다. 천주교에서 인성교육 할 때 사용했던 9개로 된 질문이다. 답은 한 글자부터 시작해 아홉 글자까지다. 짧은데 꽤 괜찮다.

인간을 인간이게 하는 말

1. 지구보다 더 무거운 한 글자

2. 어떠한 것도 이길 수 없는 두 자로 된 말

3. 석 자로 된 가장 아름다운 말

4. 평화를 가져오는 넉 자로 된 말

5. 돈 들지 않는 최고의 다섯 자 에너지

6. 이익을 가져오는 여섯 자로 된 말

7. 뜻을 이룬 사람들을 일컫는 일곱 자로 된 말

8. 인간을 돋보이게 하는 여덟 자로 된 말

9. 당신에게 내린 아홉 자로 된 축복

나는 이 질문지를 교육 워크숍에서 종종 사용한다. 1번 질문인 '지구보다 더 무거운 한 글자'의 답은 바로 '나'다. 나는 1번 문제에 대한 답을 교육 참여자들이 모를 것 같아서 '내 입으로 말하자마자, 나에게 힘이 생기는 한 글자로 된 말'로 질문을 바꾸었다. 사람들이 주로 돈, 힘. 뭐, 이런 말로 대답한다. 다시 원래의 질문 그대로 물으니, 학습자 가운데 한 사람이 '나'라고 대답한다. 놀랐다. 지구보다 더 무거운 우주, 천지가 내 안에 들어와 있는데 우리들은 자주 그것을 잊고 산다. 그러니 하나님도 만나지 못하고 도(道)도 닦지 못하는 것이겠지.

'나는 나다'로 가기 위해 그것을 깨닫기 위해 우리는 '나로부터 나오는 모든 것은 나 혼자서 선택한 것이므로 진정 나의 것'인 것을 알아간다. 늘어가는 주름살, 축 처진 엉덩이는 내 몸이다. 내가 느끼는 노여움이나 기쁨, 좌절, 사랑, 실망, 흥분, 희망, 공포, 성공, 실패···. 그 모든 것도 다 '나'다.

아이쿠야. 이 문제를 출제한 자가 말하는 2번에서 9번까지의 답을 말하지 않고 넘어가려 했다. 그 답은 바로 '나, 우리, 사랑해, 내 탓이야, 정말 잘했어, 어떻게 생각해, 또 다시 일어났다, 그럼에도 불구하고, 하느님은 사랑이시다'입니다.

선택하는 기쁨

수업을 하다 보면 학생들이 자신을 소개할 때 '결정장애'라고 표현하는 경우가 종종 있다. 많은 사람들이 '선택'하는 것을 주저한다. 망설인다. 심지어 두려워한다. 아니, 매번의 상황이 자신이 선택한 것임을 의식하지 못하고 산다. 개인의 욕구와 욕망을 둘러싼 사회제도, 문화, 관습이 '의식적인 나의 선택'을 가린다. 가로막는다. 이때 우리가 하는 말이 있다. "어쩔 수 없었어, 다들 그러잖아." 심지어 항변까지 한다. "왜, 나만 갖고 그래?" 선택을 회피한다는 것은 자신의 힘을 남에게 맡긴다는 것,

주인으로서의 삶을 포기하는 것이다.

선택을 두려워하는 이유가 무엇일까? 선택지가 다양하지 않은 사회 환경 때문이다. 여러 가지 선택지가 있고 무엇을 선택하든 거기서 또 다른 길이 열리고, 열리는 그런 경험이 적다. 안 가 본 길로 가는 것은 기회비용이 많이 드는 일이다. 서울이란 목표점에 빨리 도착하는 길이 중요하다. 그러니 어떤 길이 맞는지 재고, 또 잰다. 잘못 선택했다가 한 방에 훅 갈지 모른다. 도무지 실패라는 게 용인되지 않는 이 사회를 어이할꼬. 정답, 정해진 길에 대한 생각이 우리가 선택을 주저하게 만드는 것은 아닐까? 그렇다고 사회 탓만 하고 있을 수는 없는 일. 내 밖의 세상은 나보다 늦게 변한다. 차라리 내가 먼저 변하는 게 낫다.

아주 오래전, 영성수련원 프로그램에 참여했다가 이 글귀를 알게 되었다. 나중에 보니 스티븐 코비의 『성공하는 사람들의 8가지 습관(The 8th Habit: from effectiveness to greatness)』에 나온 글이다.

"Between stimulus and response, there is a space.
In that space lies our freedom and power to choose our response.
In our response lies our growth and our happiness."

(자극과 반응 사이에는 공간이 있다.

그 공간에는 우리의 응답을 선택할 자유와 힘이 있다.

우리의 응답에는 성장과 행복이 있다.)

당시, 나는 이 글을 보고 가슴이 터질 것 같았다. 아! 공간(space)이 있는 거구나. 반응을 선택할 힘이 그 공간에 있구나. 유레카! 갑자기 근육에 힘이 생겼다. 저 밖에 있는 신, 우리가 죽으면 천국 혹은 지옥에 간다고 말하는 그런 신이 아니라 내 안에서 신을 만난 그런 느낌이랄까.

셀프 리더십 수업에서 학생들과 함께 다루는 주제 가운데 중요한 것이 '선택'이다. 자신이 살아오면서 의식적으로 선택한 것들을 쭉 적어서 서로 이야기를 나눈 뒤, 선택이라는 단어가 자신에게 어떤 의미를 갖는지 이야기해 보았다. '선택은 ___다'라는 문장을 준다. 나는 수업할 때 이 방법을 즐겨 쓴다.

나는 사전에 적힌 건조한 설명보다 자기 경험과 이야기 속에서 건져 올리는 개념 설명을 좋아한다. 남들이 사용하는 개념을 외우고 따르기보다는, 세상의 변화를 읽고 자기 삶을 성찰하면서 스스로 '개념'을 창안하기를 바라기 때문이다. 스마트폰 뒤져 '나무위키'에서 검색한 설명보다 철학적이고 살아 있는 말들이 쏟아져서 감탄했다. 다음은 수업에서 내가 만난 학생들이 선택의 의미에 대해 말한 내용이다.

내 인생에서 선택은 어떤 의미일까?

¤ 인생의 앞길을 보여주는 지표이자 뒤돌아보았을 때 남아 있는 내
　가치관이다.

¤ 내 인생의 자율 결정권.

¤ 내가 올바른 선택을 하는 것인지는 잘 모르겠지만 선택 없이는 성
　공도 실패도 없다.

¤ 현재의 내 모습.

¤ 내 인생을 큼직큼직하게 변화시킬 수 있는 갈림길.

¤ 나를 웃게 할 수도, 울게 할 수도 있는 것.

¤ 나를 완성시켜주는 것(나의 선택 하나하나가 점점 나를 채워주고
　완성시켜준다.)

　선택을 자율결정권, 피해갈 수 없는 꼭 해야 하는 것이라고만 말한 것
이 아니다. 수많은 선택이 지금의 자기를 만들었다고 한다. 뿐만 아니라
그 선택 안에 자신의 소중한 가치관이 있었다는 걸 간파하다니. 이들에
게 많이 배운다.

해석을 발견하는 자

'아차, 이런…. 또 내가 먼저 말해버렸네.' 조언이랍시고 친한 동생의 행동에 대해 내 의견을 제시했다. '물어보면 그때 대답하기'라는 내 신념을 잠시 잊고 어느새 나선 것이다. 그의 행동에 대해 내 생각을 제시한 거다. 물론 부드럽게 표현했다. "사람들 관계에서 네가 먼저 연락하지는 않지?"라고. 내가 자신의 행동에 대해 못마땅해서 그리 말한 것이란 것을 눈치 빠른 그가 모를 리 없다.

나도 이리 고쳐지지 않는데 어찌 다른 사람의 행동을 고칠 수 있단 말인가? 오만이다. 사람은 가르칠 수 없는 존재다. 감히 누가 누구를 가르친단 말인가. 가르친다는 것 자체가 '그'만의 경험과 해석을 가로막는 거다.

법륜 스님이 매번 강의하는 '해서는 안 될 몇 가지 행동(살인, 도둑질, 성추행, 폭행)'을 제외하고 가르쳐서 고치도록 해야 할 타인의 행동이란 것은 없다. 그는 그의 말과 행동, 세계관, 습관의 총합이기에 그를 가르쳐서 고치게 한다는 건, 그를 죽이는 것이다. 진정 그를 존중하고 인정한다면 그의 말과 행동, 사고방식을 인정해야 한다. 심지어 내 마음에 들지 않는 습관까지 다 받아들여야 한다.

깨닫지 못한 것을 알려준다고 해서 그가 알게 되는 것은 아니다. 그는 살아가며 스스로 배운 것의 총합이다. 자기 힘으로 습득하고, 정리하고, 깨달아서 지금의 '그'가 된 것이다. 알을 깨고 나온 거다. 그리고 그는 죽을 때까지 계속 경험해가며 배울 것이다. 내가 나이로, 학식으로, 논리로, 권위로 들이대 봐도 그가 배우려고 하지 않으면, 알아먹지 못하면 어찌할 수 없다. 밥숟가락을 코앞으로 들이대도 그가 받아먹지 않으면 소용없다. 씹어서 먹는 것은, 내가 아니라 '그'다.

요청하지도 않았는데 하는 조언, 잘되라고 하는 충고. 다 독이다. 아니, 애초에 건방이 들어 있다. 감히 누가 누구에게 조언과 충고를 한단 말인가. 상대가 물어보면 그때 조용히 입을 뗄 일이다. 그것도 아주 부드럽게.

자기 길을 가는 사람에게 내가 먼저 나서서 그 길이 틀렸으니 이쪽 길로 가라고 말할 수 없다. 부처님도 쥐가 독이 든 빵을 먹으려고 할 때, 그것 먹지 말라고 하지 않으셨단다. 단지, "그 안에 독이 들어 있다.'라고 일러줬을 뿐. 선택은 그의 몫이다. 습관적이든, 의식적이든 그는 지금껏 그가 수없이 해온 선택의 결과, 총합이다.

진정으로 그의 삶을 존중한다면 그의 말과 행동을 다 수용해야 한다. 그렇게 할 때, 그는 해석을 발견하는 주체, 스스로 선택하는 자가 된다. 자신이 선택했음을 기뻐하는 자가 된다. 내가 발견한 해석을 다른 사람에게 말하면서부터 나는 이미 설명자가 된다. 그는 내가 터득한 것을 알아야 하는 사람, 피교육자가 된다. 그런데 자꾸 말하고 싶어진다. 내가 본 그것에 대해 알려주고 싶다.

그 욕구를 참아야 한다. 그냥 저절로 흘러나와야 한다. 물에 물 탄 듯, 술에 술 탄 듯. 그리해야 저절로 되는 것이다. 물에 물을 타야지. 내가 물이 되는 거다. 내가 '너'가 된다. 너의 존재, 형태, 습관, 가치, 사고방식을 부정하지 않고 너에게 가는 것이다. 우유부단. 그리 살아야겠다.

나로 살기가 이리 힘든 것인가?

자기계발에 대한 관심이 커지면서 자신을 알기 위한 여러 가지 도구들이 유행한다. 성격유형검사, 진로 · 적성검사, 기질검사…. 사람들은 온갖 검사를 참 좋아한다. 우리는 범주화한 어떤 곳에 편입되어야 마음이 편해진다.

나에 대해 무엇을 알아야 할까? 성격, 기질, 기호, 취향, 관계, 역사, 욕구, 장점…. 학생들과 수업을 하다 보면, 자신을 소개할 때 장점과 단점으로 구분해서 말하는 경우가 많다. 사회화된 자기소개 방법이다. 과연 누구 기준에서 잘하는 것인지에 대한 검토 없이 말한다.

나에 대해 무엇을 알아야 할까? 내가 발붙이고 있는 이곳, 내가 서 있는 위치를 알아야 한다. 서 있는 곳이 다르면 보이는 것도 다르다. 일주일간 제주도에 머문 적이 있었다. 하루에도 여러 번 펜션 2층 테라스에 나가 시시각각 변하는 바닷물과 바다 한가운데 떠 있는 범섬을 보았다. 테라스 앞에 야자나무 한 그루가 있어 바다 전경을 볼 때마다 자꾸 걸린다. 쓰고 있는 안경에 점 하나가 붙어 있는 것 같아 답답하다. 4일째 되는 날, 옆방으로 옮겼더니 다 보일 뿐 아니라 다른 것이 보인다. 몇 발짝만 다른 곳에 있어도 보이는 것이 다르다.

나는 오감으로 받아들인 내 '밖' 세상의 에너지다. 내가 보고 들은 것, 내가 만난 사람들이다. 그러니 나를 알려면 내가 어느 지점, 어느 위치에 있는지를 알 일이다. 직선 위에 있는 '점'으로서의 위치가 아닌 360도 전방위적인 좌표 속에 있는 '나'를 볼 줄 알아야겠다. 그래야 운신의 폭도 넓어지지 않을까? 직선상의 점은 좌우로만 발을 뗄 수 있지만 전방위적인 좌표 속에 있을 때는 어디든 마음먹은 대로 갈 수 있으니 말이다.

나로 살려면, '나'에 대해 말할 수 있어야 하고 '나'를 주어로 말하면 좋다. 얼마 전 교육에서 '나'를 주어로 말할 때의 위력을 실감했다. 초등학생들 인권교육이었다. '비폭력 대화'를 익혀서 친구들 간에 서로 마음 상하게 하지 않고 평화로운 관계를 갖도록 훈련하는 자리였다.

'비폭력 대화'를 주제로 몇 번 교육을 해보았는데 쉽지가 않았다. 관찰하기, 느낌 말하기, 내 욕구 알기, 부탁하기의 4단계를 그저 기계적으로만 알고 있었던 것이다. '나도 어려워하는 이것을 학습자들이 어떻게 알게 하지?' 고민하다가 먼저 '나는＿＿다'의 형식에 맞추어 말하기를 연습

했다. "나는 지금 배고프다. 나는 춥다. 나는 피아노 치는 것을 좋아한다. 나는 에버랜드 가고 싶다…." 그다음에는 특정한 상황을 주고 '나'를 주어로 말한 뒤의 느낌을 말해보라고 했다. 아이들이 그다음에 할 단계인 '부탁하기'까지 한꺼번에 해버린다.

"나는 너랑 같이 가고 싶었는데 네가 먼저 가서 서운했어. 다음부터는 나랑 같이 가면 좋겠어."
"나는 너와 같이 가고 싶었는데 네가 먼저 가서 속상해. 그러니 다음부턴 나를 조금만 기다려주면 좋겠어."

내가 사는 인생인데, '나'를 주어로 말하지 않고 그동안 우리는 어느 세상에서 살았던 것일까?

내가 나를 알아가는 방법

자기를 알고 자기 자신으로 사는 건 참 힘든 일이다. 내가 나를 알아가는 방법은 '나와의 대화', 글쓰기다. 일어나자마자 내 의식의 흐름, 느낌, 떠오른 생각을 쓴다. 정해진 형식은 없다. 떠오르는 것을 그냥 건져올리기만 하면 된다. 줄리아 카메론이 『아티스트 웨이(The Artist's Way)』에서 말한 내 안의 창의력을 키우는 일상적인 방법인 '모닝 페이지'다.

모닝 페이지를 꼭 아침에 써야만 하는 것은 아니다. 언제 쓰든 글에서 글로 이어지고, 이미 쓴 것에서 또 다른 것이 갈라져 나오고 그러다 불쑥 다른 것이 튀어나오는 경험을 하고 있다면, 아침에 일어나자마자 쓰지 않아도 된다. 그런데 내 에너지에는 아침이 잘 맞는다.

나는 거의 매일 새벽 5시면 눈을 뜬다. 눈이 떠진다. 몸이 기억한 습관이다. 아침이라기보다는 새벽이라는 말이 더 적당하다. 새벽, 이 새벽 시간에 다른 말을 붙이고 싶다. 어둠에서 빛으로 가는 그 경계의 시간. 나는 그 시간이 좋다. 새벽 시간은 나를 깨어나게 한다. 나를 의식하는 존재로 만든다. 내가 나를 의식한다는 건, 참 기쁜 일이다. 나는 죽을 때도 나의 죽음을 의식하며 죽고 싶다.

아침은 깨어남, 눈뜸, 일어남이다. 아침에는 모든 게 신선하다. 다시 깨어났기 때문이다. 부활한 거다. 죽었다가 다시 살아났다. 아침에는 생각도 신선하다. 막 태어난 아이의 살처럼 뇌가 말랑말랑, 보들보들하다. 그 부드러움은 시간이 지나면서 다시 딱딱해졌다가 밤에 잠을 자고 다시 아침에 일어나면 말랑말랑해진다.

새벽, 아침 시간은 하루 중 가장 '나'임을 깊게 느끼는 시간이다. 뇌가 말랑말랑하고 사고가 유연한 상태이다 보니 나의 심연, 나도 몰랐던 저 아래 있는 것들이 튀어나온다. 내 내면 깊숙한 것들이 이성의 센서인 콘크리트를 비집고 나와 싹을 틔우고 쑥쑥 줄기를 뻗는다. 그리고 꽃을 피운다. 사유가 만개한다. 나도 모르던, 내가 의식하지 않았던 내 안의 것들이 서로 연결되고 그것이 모티브가 되어 위로 쭉쭉 뻗어나간다. 창조의 시간, 생명의 시간이다.

눈 뜨면서 잠들기까지 우리는 의식하든 의식하지 못하든 많은 자극과 정보를 받아들이고 이것이 의식과 무의식의 층에 쌓이게 된다. 모닝페이지는 무의식의 층까지 들어가서 그것을 의식화하는 쉬운 명상이며 내 안의 신께 드리는 기도다.

모닝 페이지라는 나와의 대화를 통해 나는 내 저 밑바닥 마음을 본다. 속물 같은 내 모습을 발견하기도 하고 타인에게 받은 상처를 치유받기도 한다. 어디서도 말하지 못했던 분노를 쏟아내다 보면 스스로 정화되기도 한다. 보너스도 있다. 스치고 지나가는 아이디어를 잡아내는 시간이기도 하다.

나는 20년이 넘게 아침에 일어나자마자 모닝 페이지를 쓰면서 나를 사랑하게 되었다. 자기를 사랑하는 것은 매우 숭고한 행위다. 그 과정 자체가 어쩌면 신을 만나는 일인지도 모른다. '나는 사실 구차하다. 구질구질하다. 질투한다. 시기한다. 두려워한다. 찌질하다….' 이 모든 것을 다 끌어안아야 한다. 그게 바로 나니까. 내가 나를 수용하지 않으면, 이 세상 누가 날 받아줄까?

아침에 하는 글쓰기는 대화, 내가 나와 하는 대화로 진솔하지 않을 수 없다. 글쓰기는 덜어내기다. 덜어내니 고요가 흐른다. 이렇게 아침에 일어나자마자 글을 쓰고 나면 시끄러운 속이 잠잠해지며 평화가 흐른다. 비워내서 그렇다.

우리의 머리는 계속 꽉 채우려고 한다. 아니, 저절로 채워진다. 온갖 것들이 사방에서 밀고 들어오니 안 받을 수 없다. 그걸 선별해서 받는 사람은 몇 안 된다. 꽉 찬 머리를 비우는 방법이 글쓰기다. 잠을 자고 나면 몸의 피로가 풀리고, 정신도 어느 정도 맑아진다. 그래도 남아 있는 찌꺼기들, 덜 털어낸 것이 있다면 그건 바로 글을 쓰면서 덜어진다.

이 모닝 페이지가 자기를 알아가는 모두의 해답은 아니다. 나를 알아가고 스스로 치유하고 기도하는 나, 김영미의 방법일 뿐이다. 사람에 따라 자기를 알아가는 방법은 다르다. 명상, 산책, 운동⋯. 중요한 건, 그 방법을 스스로 발견해 그 방법으로 끊임없이 자기를 훈련하는 것이다.

예수도, 석가도, 공자도 다 '홀로 가라'고 했다. 영적 각성, 해탈은 가족 단위, 세트로 할 수 없다. 배움도 마찬가지. 각자적이다. '각자적'이란 말이 좀 생경하게 들릴 수도 있겠다. 하지만 아직까지는 이 말을 대체할 말을 못 찾았다.

배움을 '의미 만들기'로 규정하는 한준상 교수는 "본능은 유전인자를 통해 유전되고, 가치는 전통을 통해 전수될 수 있지만 의미만큼은 각자가 만들어 가는 배움 활동"이라고 말한다. "의미 만들기는 인간 각자에게 독특하고 유일한 내부시각의 유동적 지성이 벌이는 행위로, 인간 스스로 구하고 찾아야 그 나름대로의 의미가 만들어진다"는 것이다.[15] 이렇게 배우며 나 홀로 가는 길, 갈 만하다.

15) 한준상, 『生의 痂』, 학지사, 2013.

존재의 발견

삶 더 사람

'나'를 아는 일 참 어렵습니다.
그러나 알면 참 기쁩니다.

'존재의 발견, 더 사람' **초급과정**은
나는 누구인가?'라는 물음에
스스로 답하면서
내가 진정으로
하고 싶은 욕구를 발견하고,
내가 소중하게 여기는
가치를 탐색하며
내 안의 비전을 펼칩니다.

천상천하 유아독존
(天上天下 唯我獨尊),
나는 이 세상에
단 하나뿐인 소중한 존재입니다.
그래서 나는 이제부터
나의 길을 걸으며,
내 안의 '진리'를 발견하고자
합니다.

초급과정
"나를 아는 사람"

첫째 날	표현하며 발견하는 나	2h	• 만나볼까? (구인광고) • 5개 형용사로 표현하기 • 캐릭터로 표현하는 나
	그것 아닌 너	2h	• 내 안에 있는 너, 너 안에 있는 나
	존재를 크게하라 (자기탐색)	3h	• 우리가 되어 볼까? • 나는 나이며 나는 괜찮다 • 내 이야기로 찍는 영화 한 편
둘째 날	존재를 크게 하라 (나의 비전)	3h	• 존재 욕구-저 깊은 곳에서 바라는 ? • 내 안의 미래, 비전 • 나의 목표와 계획, 꿈과 실행
	소중한 가치를 찾아 떠나는 여행	3h	• '가치'가 흐르게 하라(가치카드를 호 • 나의 어제, 오늘 그리고 내일 • '목표'안에 숨겨진 가치 찾기
	나의 산을 오른다	1h	• '이것이 나다' • 너와의 만남을 통해 내가 배운 것

존재의 발견

[삶 더 사람]

이 프로그램은 저자가 대표로 있는 서로배움사회적협동조합에
서 수년간 진행한 셀프리더십 워크숍이다. 독자들이 이 책의 3부,
〈가르치고-배우는 현장에서 터득한 교육 워크숍의 키워드〉를 이
해하는 데 도움이 되도록 프로그램을 싣는다.

그래도 가르치고 싶다면

가르치고–배우는 현장에서 터득한
교육 워크숍의 키워드

내가 대학에서 학생들을 만나 가르치고—배우는 현장은 '강의실'이다. 초·중·고등학생들이 학교에서 배우는 곳은 '교실'이다. 배움이 가르침보다 우선하고 배우는 방식이 교수자의 일방적인 '강의'에서 벗어나야 한다는 비판이 시작된 지 꽤 되었건만 지금도 우리가 배우는 곳은 '강의실', '교실'이다. 간혹 '배움실'이라 부르는 곳이 있으나 아직은 생소한 언어다. 요즘은 대학마다 '교수학습센터'가 있다. 그곳에서 '강의' 위주의 교수법만이 아닌 다양한 교수법을 연구하고 전수하는 데 많은 공을 들인다. 하지만 아직도 학생들이 배우는 공간은 강의실이다.

강의실은 21세기를 사는 우리들의 배움을 표현하기에 한계가 있다. 우리가 쓰는 언어가 그것을 표현하는 현실태에 적합하지 않다면 바꾸는 게 마땅하다. 그러나 언어는 게으르다. 이럴 땐 대자본이 부럽다. 전국에 있는 체인점의 이름을 바꾸기로 결정하면 동시에 간판을 바꾼다. 소비자들은 전에 쓰던 체인점의 이름을 금방 까먹고 새로 걸린 간판에 적힌 이름으로 부른다.

말을 바꾸면 그 내용도 그에 걸맞게 바뀐다. 강의실을 배움실로 바꾸면 교수자, 강의 중심의 교육에서 학습자와 배움 중심의 교육으로 우리의 생각도 바뀌지 않을까? 가르치고 배우는 방법은 다양하며 그 형태에 따른 교수자의 역할도 다르다. 지식과 원리를 체계적이고 논리적으로 설명하는 '강의'와 기술을 연마하도록 훈련하는 것도 가르침과 배움의 방식이긴 하나, 나는 학습현장에서 학습자가 주도적으로 배움을 조직할 수 있도록 하는 '교육 워크숍'을 고수해왔다.

3부에는 내가 교육현장에서 학습자들을 만나 터득한 '교육 워크숍' 운영의 원리, 가르침과 배움의 철학이 담겨 있다. 교육 워크숍의 철학과 원리를 교수자, 학습자, 만남, 역동, 공간, 교수자와 학습자의 관계라는 키워드로 풀었다.

1

↗ 교육 워크숍 키워드_하나. 교수자

왜 이래? 아마추어처럼

전문가, 자격증의 시대다. 국가공인자격증부터 시작해 민간에서도 각종 자격증을 남발한다. 의사, 변호사, 약사, 교사 등 전통적인 직업군뿐 아니라 시대 변화에 따라 새로운 전문 직업군도 등장한다. 가르침의 현장도 마찬가지다.

학교교육의 담장을 넘어 사회 곳곳에서 학습이 만개하는 평생학습사회, 학교에 근무하는 교사와 교수가 아닌 사람들도 가르침의 현장에 자주 선다. 이들 중에는 명성을 얻어 전문 강사라는 이름표를 달고 활동하는 사람들도 꽤 있다. 우리 사회에서 일부 전문가 집단은 강한 조직력을 바탕으로 구별 짓기를 하며 특권층이 되어간다. 진정한 전문가에 대한 질문이 생겨난다.

전문가라는 말을 들으면 왠지 답답해진다

"왜 이래? 아마추어처럼." 나를 프로(프로페셔널), 전문가라고 여긴 동네 언니가 내게 말했다. 당시 내가 무슨 말을 했는지 잘 생각이 나지 않는다. 아무튼 그분은 날 전문가로 본 거다. 덕분에 전문가가 어떤 사람들인지 생각했다.

어떤 분야에 정통한 사람, 자기가 일하는 분야에서 깊은 식견과 지식, 기술을 가진 사람들. 다른 사람들은 넘보지 못할 경지에 있는 사람들이다. '그것'을 잘하는 사람이다. 병을 고치는 일, 음식을 만드는 일, 분쟁을 처리하는 일, 컴퓨터 소프트웨어 프로그램을 만드는 일, 옷을 만드는 일, 그리고 사람을 가르치는 일….

특정한 조직에 소속되지 않고 프리랜서로 가르치는 일(사실, 나는 이 말을 그다지 좋아하지 않는다)을 한 지 20년 되었으니, 연식으로 따진다면 나도 전문가 축에 속하나? 교육현장에서 만난 학습자들이 나에게 '노련하다', '이런 일을 한 지 몇 년 되었냐?'고 묻는 걸 보면, 내가 남들에게 전문가로 보이나 보다. 남은 나를 전문가로 생각하는데 내가 그런 의식을 갖지 않은 건 전문가에 대한 나의 편견 때문이다.

어떤 분야에 정통하고 노련한 사람들은 일정한 직업군을 형성하고 그들에게는 전문가라는 라벨이 붙는다. 의사, 변호사, 쉐프, 교수, 교사, 약사, 패션디자이너, 공인중개사…. 국가는 그들에게만 그 일을 할 수 있게끔 공인된 자격을 준다. 민간에서는 '아는 사람들끼리' 서로가 용인하며 교류하는 소위 '야매'(뒷거래에서 나온 일본말인데 무자격자나 대충 할 때 쓰는 말)가 있지만 공인된 전문가들은 이를 무시한다.

전문가들은 사회에서 인정한 시험을 통과하거나 공인된 절차를 이수한 자들이다. 민간에서 자기들끼리 알아서 잘하던 일도 어느 날부터 국가가 개입해 자격 절차를 만들고 인증한다. 공인중개사 제도가 생기기 전 부동산 거래를 돕는 사람들은 '복덕방', '부동산' 간판을 걸고 영업했다. 어느 날부터 국가가 관여한 뒤 '공인중개사'가 되었다.

소위, 전문가는 자기 직업이나 분야에 대해 자부심이 있으며 자기 스스로가 전문가라는 의식을 갖는다. 자기들은 다른 사람들과 다르다는 구별의식을 갖는다. 이 구별의식이 엘리트 의식으로 발전하면서 목에 힘을 주기도 한다.

전문가라는 말을 들으면 나는 답답해진다. 많은 전문가들이 남의 말, 특히 자기 전문가 집단 '밖'에 있는 사람들이 하는 말을 잘 안 듣기 때문이다. 자기가 습득한 지식만 옳다고 주장하고 자기가 하던 방식으로만 일하는 것을 많이 보았기 때문이다. 나는 그들과 대면할 때, 떡하니 버티

고 있는 벽 앞에 선 느낌이 들 때가 많았다. 그때마다 나는 전문가 집단
이란 '그것만 아는 사람들이네.'라고 생각한다. 전문가 집단에 대한 반감
이 나를 프로, 전문가로 생각하지 않고 살도록 만들었다.

전문가주의에 대항하기

전문가들은 그들끼리 잘 단합한다. 그 분야 지식을 자기들끼리만 아는
언어로 교환하고 습득해간다. 일반 사람들을 만날 때 전문가들의 말과
행동은 근엄해진다. 자기들이 아는 것을 다른 이들은 모르기 때문이다.
자기들끼리의 정서적 유대감을 형성하고 그들 세계를 유지하기 위한 규
칙을 정한다. 이 규칙은 전문가 집단의 성격을 공고하게 만든다.

물론 그 규칙에는 전체 사회를 위해 전문 직업인으로 어떻게 행동해
야 하는지를 규율하는 윤리강령 같은 것도 있다. 그런데 날이 갈수록 자
기집단의 이해만 커가고 사회가 전문가 집단에게 부여한 권위에 안주한
다. 자기들만의 리그다. 이들의 권위는 전문가 집단 '밖'의 사람들이 이들
에게 부여한 것이다. 자기들끼리 '나 잘났어, 전문가야.'라고 박박 우겨서
된 것이 아니다. 서로가 인정한 것이다. 그게 뭐라고…, 그게 뭐 그리 대
단한 거라고…. 목에 힘을 준다.

다 사람 사는 데 필요해서 생긴 일이고 직업인데 전문가네 하며 으스
대고 자기들만의 성을 쌓고 근엄한 표정을 짓는 걸 보면 우습기 짝이 없

다. 그런데 그 벽은 의외로 높다. 비전문가 집단도 그들의 권위와 특권을 인정하는 것이기에 그렇다.

지식과 정보가 인쇄매체에만 구속되었던 시절, 지식과 정보를 습득하는 환경이 폐쇄적이던 사회에서는 전문가 되기가 쉽지 않았다. 누구나 오를 수 있는 산이 아니었다. 하지만 지금은 다르지 않은가. 누구나 마음만 먹으면 원하는 지식과 정보를 습득할 수 있다. 그런데도 소위 말해서 전문가 집단에게 부여한 권위의 성은 강고하다. 제도는 늦게 변하고 우리의 의식은 게으르다.

물론 전문가들이 그 분야에서 오랜 시간 그 일을 해왔다는 걸 인정한다. 그들에겐 긴 시간에 걸쳐 쌓아온 지식과 습득한 기술, 노하우가 있다. 그중에는 자기 분야에 대한 철학이 있는 분들도 꽤 있다. 그런데 문제는 많은 전문가들이 '그것', '그 분야'만 안다는 것이다. 지식과 정보가 누구에게나 열려 있는 네트워크 혁명 시대에 전문가라는 말이야말로 사라져야 할 단어다.

홍성욱은 『네트워크 혁명, 그 열림과 닫힘』에서 "네트워크 혁명은 고정된 지식에 근거한 전문가의 권위를 떨어뜨리고, 역동적인 지식으로 무장한 아마추어의 위치를 상승시킨다."[16]고 말하나, 아직까지 우리 사회에

---

16) 홍성욱, 『네트워크 혁명, 그 열림과 닫힘』, 들녘, 2002.

서 전문가들의 권위는 쉽게 떨어지지 않는다. 강고한 카르텔을 형성하고 있어서 그것을 깨기 힘들다.

전문가 집단의 문제만은 아니다. 그 리그 밖에 있는 사람들 스스로가 자기 삶에서 건져 올린 지혜와 기술을 소중히 여기지 않고 전문가들에게 권위를 부여해서 그렇다. 전문가 그룹 밖의 평민들(?)이 자기 삶에서 배우는 방법을 모르고 자기 경험의 권위를 존중하지 못하니, 기성 전문가의 근엄한 권위에 저항할 용기가 없다.

권위는 말과 행동의 바탕이 되는 힘이다. 그 권위가 처음에는 현장과 경험에서 나왔을 터인데, 어느 날부터 '권위'가 주인이 되어 자기를 배태한 고향을 잊어버리고 강력한 힘을 행사한다.

누구나 전문가가 되는 세상을 위해서는 비전문가 집단 스스로가 전문가 집단에게 부여한 절대적인 권위를 깨야 한다. 그들의 시간과 지식, 기술을 존중하지 말아야 한다는 것은 아니다. 운이 없어서일까? 나는 그동안 존경할 만한 전문가들을 많이 보지 못했다.

전문가와 자격증에 대한 반대 운동으로 자격증 남발 운동을 하는 것도 괜찮을 것 같다. 자격증은 전문가들의 권위와 특권을 사회적으로 보장한 제도다. 의사, 변호사, 교사, 교수 등은 오래전부터 생겨난 전통적인 자격 제도다.

언제부터인지 민간에서도 이런 자격증을 많이 발행한다. 원래부터 정해진, 영원불변한 자격증이란 건 없다. 일상에서 필요한 일을 하는 사람들이 많아지다 보면 직업이 되고 그 직업군을 제도적으로 보장해주어야 하니 자격증이 생기고 또 그것을 국가가 관리한다.

어떤 것이 제도화되기 전에는 시민사회 영역, 제3섹터에서 먼저 일어난다. 요즘 민간에서 각종 자격증이 많이 발행되는데 이 자격증이 장사 수단이 되는 경우가 종종 있다. 여기저기서 '강사', '치료사', '전문가'라는 말을 붙여 교육과정을 운영한다.

전통적인 전문 자격증을 갖지 못한 사람들에게 '전문가 양성과정'은 기대감을 갖게 한다. 자격증이 있으면 그것을 바탕으로 어떤 활동을 하고 경제적 이윤도 얻을 수 있다는 생각에서 그 교육과정에 참여하지만 그들이 일자리를 보장해주진 않는다. 아니, 힘들다.

전문가주의를 표방하는 자격증과 장사 수단이 된 자격증을 무력화시키기 위해 친목계, 동창회, 시민단체, 아파트 공동체 등 각종 공동체에서 자격증을 만들어 주는 건 어떨까?

무한상상력을 발휘해 보자. 우리가 사는 공동체에 필요한 자격증을 만든다. 자격 기준도 공동체 성원들이 함께 의논해서 약속한다. 자격증 발행에 돈을 받지 않고 어떤 분야에 정통하면 자격증을 주는 것이다.

다른 사람들 말에 반응을 잘 해 주는 이에게는 '피드백 자격증', 말을 끊지 않고 잘 듣는 이에게는 '노 태클 자격증', 이것저것 잘 나눠주는 이에게는 '나눔이 자격증', 자동차 없이 사는 사람에게는 '뚜벅이 자격증'을…. 이력서 자격증 칸에 이런 곳에서 발급받은 자격증을 쓴다. 재미있을 것 같은데….

전문가라는 이름값이 너무 크다

전문가들은 다른 사람들과 다르다는 구별의식 · 엘리트 의식을 갖고 산다. 구별 짓기가 뭐 그리 나쁠까? 세상 만물은 다 다르고 다른 것이 생태계를 건강하게 만든다. 그런데 그 다른 것이 고정화되고 권력이 될 때 문제다. 구별 없이 살 수 없다. 구별, 무엇을 기준으로 구별하는가가 중요한데 우리 사회에서 일반인과 전문가의 구별은 연봉과 업적, 족적, 포상, 셀럽, 사회와 국가가 공인한 자격증이다. 프로 스포츠 세계에서는 몸값으로 부른다.

오래전 버스 안에서 있었던 일이다. 정거장을 몇 미터 앞두고 차가 갑자기 멈추는 바람에 내리려고 문 앞에 서 있던 승객이 넘어질 뻔했다. 그 승객이 버스기사에게 욕을 한다. 위험했으니 화가 날 수 있다. 그런데 이 승객이 버스기사에게 하는 말, "야. 이놈아, 내가 연봉 얼마짜리 몸인 줄 알아?" 이놈의 세상, 죽으면 다 똑같은 먼지구먼…. 정호승 시인의 시 「햇살에게」로 위로받는다.

이제는 내가

먼지에 불과하다는 것을 알게 해 주셔서 감사합니다.

그래도 먼지가 된 나를

하루 종일

찬란하게 비춰 주셔서 감사합니다.

– 정호승, 「햇살에게」 중 일부

가르치는 일을 하는 사람들을 만나면서 잠시 생각했다. '이분들은 왜 이 일을 좋아할까?' 혹시, '가르치다'라는 말에서 느껴지듯 '내가 너보다 많이 알고 있어, 그러니 내가 알려줄게, 내 말을 따라야 해, 내 말이 맞으니까 믿어야 해.'라는 마음으로 이 일을 하는 건 아닌지 살짝 염려되었기 때문이다. 보이지 않는 저 밑바닥에 엘리트의식, 뭐 그런 게 있는 건 아닌지.

전문가로서의 철학을 가져야 진정한 구별의식이 아닐까. 2019년 돌아가신 만신 김금화 선생, 그 분야 최고 전문가이신 그분도 그리 말했다. 무당은 됨됨이가 제일 중요하다고. 남의 덕을 빌어주려면 자기 스스로가 덕이 있어야 한다고. 전문가로서의 덕, 됨됨이는 점점 사라지고 기능, 테크닉을 세련되게 구사하는 전문가들이 늘어간다.

많은 전문가들은 자신들이 기존에 자기가 하던 방식대로만 일을 한다.

이미 습득한 그것을 지고지순의 방식으로 알고 우긴다. '그때는 맞고 지금은 아니다.' 그런데 그들은 늘 '그때'를 산다. '그때' 알고 있었던 걸 그대로 지금까지 말하는 건, 교조주의, 도그마(Dogma)[17]다. 교조주의는 종교 하나로 족하지 않을까. 교조주의는 지적 게으름의 표상이다. 진정한 전문가라면 늘 배워야 하지 않을까?

누구나 전문가가 되는 세상을 꿈꾼다. 아주 오래전 어떤 분야의 전문가라는 사람과 연구 프로젝트를 할 때였다. 그를 만나고 나는 절망했다. 당시 나는 시민단체 활동가였고 그는 교수라는 전문가의 라벨이 붙은 사람이었다. 프로젝트를 어떻게 진행할지에 대해 논의하는데 우리가 하는 말을 듣지 않았다. 계속 자기 말만 한다. 똑같은 말만 한다.

타산지석(他山之石). 그때, 저 사람처럼 되지 말아야지 다짐했다. 그분을 만난 후 귀를 뚫고 귀걸이를 달았다. 당시 나는 외모에 전혀 신경 안 쓰는 촌스런 시민단체 활동가였기에 귀를 뚫는다는 건 획기적인 일이었다. 지금으로 말하면 피어싱을 하거나 몸에 문신을 하는 행동과 같은 급이다. 사소한 변화지만 '안 해보던 걸 자꾸 해보면 저 사람처럼 되지 않겠거니' 하고 결행한 거다.

---

17) 이 글에서는 도그마와 교조주의를 실천적인 경험에 따른 새로운 인식의 비판을 허용하지 않는 독단적 견해로 쓴다.

전문가 집단은 자기 편을 감싼다. 같은 편이라고 여기는 사람들끼리 서로를 지켜줘야 한다. 비리를 저지르고 범법행위를 한 국회의원을 지키기 위해 방탄 국회까지는 열지 않더라도 누가 내 편을 욕하면 같은 전문가 집단의 입장에서 변호해야 한다. 그게 같은 편에 대한 예의다. 비록 대형 교회가 목사직을 자녀에게 세습하는 것이 못마땅하지만 일반 신도가 목사인 내 앞에서 목사직 세습에 대해 비판하면 기분이 상한다.

누구나 다 편이 있다. 의사, 변호사 공인중개사, 미용사, 요리사…. 그들은 같은 편에서 살아가며 공통의 의식을 갖는다. 자기 직종에 대한 정체성, 그 직업군이 사회에서 필요한 역할을 하고 있다는 의식이 있다. 남들이 그것에 대해 공격할 때 사람들은 파르르 떤다, 분노한다, 지키려 한다. 당연하다. 그 직업군 '안'에는 생계뿐 아니라 사명, 가치, 비전 등 자신의 소중한 것이 들어있으니까.

난 같은 편을 만들지 않으리라. 굳이 만든다고 하면 매번 다르게 내 편을 만들리라. 때로는 내 편이 되기도 하고, 때로는 네 편이 되기도 해야 하는 것 아닌가? 왜 한 번 해병은 영원한 해병이 되어야 하지? 집단에 속해 자기 정체성을 잃고 헤매고 싶지는 않다. 왜 그런지는 잘 모르겠는데 집단이 되면 폭력성을 띄는 경우가 많다. 힘이 세졌다는 느낌이 생겨 그 힘을 부리고 싶어서 그런가? '네가 좋은 게 내가 좋은 거야, 그러니 우리 한 몸이 되어 엉켜서 잘 살아보자'고 말한다. "노 땡큐, 사양합니다." 같이 망하고 싶지 않아요.

전문가라는 이름값이 너무 크다. 모든 것을 사고파는 세상이다. 물건뿐 아니라 인간관계에서 일어나는 온갖 서비스가 다 돈으로 지불된다. 법률, 의료, 교육, 돌봄, 다른 사람의 영적·신앙생활을 돕는 성직자가 하는 일도 그 일에 대한 보수가 지급된다.

대가로 '돈을 받지 않는 일'이 요즘 세상에 있을까? 그게 가능한가? 세상에 돈을 받지 않고 일해야 하는 것이 있다면(물론 먹고살 정도의 돈은 받아야겠지. 먹고살 정도가 어느 정도인지는 사람마다 다를 터이고) 사람들은 어떤 직종을 말할까? 병을 고치는 일, 선교하는 일, 가르치는 일 정도일까?

아주 가끔, 고뇌에 빠진다

대학에 강사로 적을 두고 대학생들을 가르치면서 성인 학습자를 교육하는 일을 직업 삼아 하기 시작했을 때 동네 언니와 이야기를 하다가 언쟁이 난 일이 있다. 나더러 돈을 받고 교육을 한다고 지적하는데 깜짝 놀랐다. 화가 나서 대들었다. 언니 남편은 노무사로 노사 갈등을 조정해주는 일을 하면서 왜 돈을 받고 하냐고 대들었다.

다른 사람들이 들으면 수긍하기 힘든 말이었겠지만 돈을 받고 교육활동을 하는 나는 가끔 고뇌에 빠진다. 이러다가 장사꾼 되는 거 아닌가, 내가 지금 어디로 가는 거지, 계속 이리 가도 되는 건가, 생계가 걸렸으니 계속해야 하나? 수많은 질문이 올라온다.

프리랜서로 십수 년을 일하다 보니 안 좋은 습관이 생겼다. 시간을 돈으로 계산하는 거다. 강의(교육) 의뢰자가 '시간당 얼마냐?'로 강의료를 계산하다 보니 생긴 습관이다. 잘나가는 강사들은 그런 일을 처리해주는 사무장이나 직원이 있지만 나 같은 프리랜서는 그런 이야기를 교육 의뢰자와 직접 나눠야 한다. 참말로 모양 빠지지만 어쩔 수 없다.

공공기관에서는 강사의 자격 기준을 등급으로 나누어 강사료(강의료)를 책정한다. 나는 그들에 의해 등급이 매겨진다. 정육점에 걸린 고기처럼 특급, 1등급, 2등급. 사실 강사료라는 말도 맞지 않다. 강사라는 사람에게 등급을 매겨 돈을 지불한다는 것이다. 유쾌하지 않다. 강의료가 맞다.

요즘에는 서서히 강의료란 말을 쓰기 시작한다. 그런데 나처럼 강의 위주로 교육하지 않고 학습자와 상호 소통하는 워크숍을 하는 사람에게는 강의료도 적합하지 않은 말이다. 전문가로서의 의식은 실종되고 받는 돈으로 자신의 가치를 가늠하는 그런 인간이 되어가고 있지 않은지 반성한다. 그런데 이제는 그 반성마저도 뜸해진다. 때가 묻어가는 걸까?

당신은 전문가인가?

진정한 고수, 어떠한 분야의 달인, 프로다운 프로가 그립다. 아마추어로 살고 싶은데 돈을 받고 이 짓을 하고 있으니 아마추어는 아니고, 정신만이라도 아마추어로 살아가련다. 다시 처음으로 돌아가서. 그때의 상황이 잘 기억은 나지 않지만 나에게 프로답지 못하다고 한 지인의 말을 되새기며 진정한 프로, 전문가는 어떤 사람일까? 체크 리스트를 만들어보았다. 전문가의 자기점검표인 셈이다.

〈 체크 리스트 〉

【나는 진정한 전문가일까?】

1. 나는 내가 하는 일의 의미를 알고 있다.

2. 나는 아직도 내가 하는 일이 재미있다.

3. 나는 끊임없이 내 일의 철학과 방법론에 관한 책을 읽고 공부한다.

4. 나는 내가 하는 일의 철학과 방법론에 관해 다른 사람이 비판하는 것을 겸
   허하게 듣고 무엇이 틀렸는지, 부족한지 알아본다.

5. 나는 내가 하는 일과 관련해 매일 그 과정과 결과를 기록한다.

6. 나는 내가 하는 일과 관련해 만나는 사람들을 사랑한다.

7. 내가 받는 보수는 내가 하는 일에 비해 과분하다고 생각한다.

8. 나는 가끔 보수를 받지 않고 지금 하는 일을 할 수 있다.

9. 나는 내가 하는 일의 과정과 현장에서 늘 배운다.

10. 나는 내 분야와 관련해 습득한 개념을 해체하고 새롭게 개념을 정의할 수 있다.

11. 나는 매일 어디서나 누구에게서나 내 분야에 관해서 배운다.

12. 내 일과 관련한 개념과 롤모델이 있지만 그건, 단지 참고서일 뿐이고 내게 가장 확실한 배움터는 현장이다.

13. 나는 노련하지만 그것에 안주하지 않고 늘 새로운 방법을 고민한다.

14. 내가 구사하는 방법은 지금까지는 옳을지 모르지만, 그 방법이 내일까지 보장할 수 없다는 걸 나는 안다.

15. 나와 내가 만나는 사람들(고객, 학습자 등)은 역할이 다를 뿐 똑같은 인간, 사람(지능의 평등)이다.

16. 나는 내가 일하는 분야의 정책과 시스템의 발전을 위해 구체적인 실천을 한다.

17. 나는 내 일과 관련한 학술 토론회나 포럼 등에서 다른 사람들에게 내가 하는 일을 발표할 수 있다.

18. 나는 내 분야의 일에 대해 소위 비전문가라고 하는 사람들에게 쉽게 설명할 수 있다.

전문가라 자처하시는 분들, 이 중에서 몇 개의 YES를 받으셨는가?

진정한 전문가가 그립다

2019년, 세계적으로 유명한 스코틀랜드의 에든버러 페스티발 프린지 (Edinburgh Festival Fringe)를 관람했다. 정교하고 세련되며 관객의 반응까지 계산하는 프로들의 공연이 아닌 서툴고 투박하지만 생동감 넘치는 아마추어들의 축제를 보고 싶었기 때문이다.

프린지 축제 기간에 거리는 시끌벅적, 형형색색, 여기저기서 버스킹 (Busking) 공연이 벌어진다. 서커스, 악기 연주, 기이한 퍼포먼스…. 공연하는 자와 관객이 명확히 구분된 것이 아니라 함께 어우러진다. 그야말로 상호작용이다.

진정한 프로는 자기 공연을 보는 사람, 교육현장에 있는 학습자를 안다. 프로는 자기가 만나는 교육 참여자, 관객들의 요구와 상태를 알고 상호작용할 줄 안다. 어떻게 대화하는가? 자기가 알고 있는 것을 일방적으로 풀기만 한다든지, 자기의 기량을 맘껏 뽐내면서 자족하는 것, 그건 아마추어다.

에든버러 프린지 축제 기간에 버스킹하는 아마추어들은 마당 안으로 관객을 불러들였다. 관객을 유혹해서 참여하게 했다. 관객이 구경하고 평가하는 자가 아니라 그 마당에 끼어들어 어떤 역할을 하게 만든다. 공연을 보는 관객이 그 자리에서 눕게 말하게 하고, 춤추게 한다. 길 가던 사람을 주목하게 만드는 버스킹 공연도 이리 하는데 자기 발로 찾아온 학습자들을 바보 취급하는 강의식 교육은 이제 고려해 볼 때가 된 것 아닌가?

　교육을 기획하고 운영하는 일을 수년간 해본 적이 있다. 당시 여성계에서 잘나가는 강사들을 초빙해 '상담원 양성과정'을 운영했다. 그들의 강의를 재미있게 열심히 들었다. 일주일 지나니까 기억나는 게 없다. 당시 교육장의 분위기와 그 강사가 이야기한 재미있는 에피소드 몇 개 정도만 남았다. 강사의 일방적인 '강의'는 비효율적인 교육 방식이다.

　교회의 예배도 마찬가지다. 목사는 전문가다. 전문가 혼자서 떠들고 신도는 감동받는다. 받기만 하는 것도 내 것이 되는가? 진짜 내 것이 되려면 그 받은 것을 다시 한번 뱉어야 한다. 목사와 교사는 그리 생각할 거다. 내가 주었으니 준 그대로 잘 받았을 거라고. 천만의 말씀 만만의 콩떡이다.

　전문가인 교수자, 목사는 학습자, 신도들이 어떻게 받았는지 그들에게 물어봐야 한다. 그들이 이해한 것을 듣고 다시 말하고 또 듣고…. 결국은 '대화'다. 목사와 교수자는 학습자와 신도가 말한 것을 통해 자신도 다시 배워야 한다. 다시 배움이 없다면 가르치는 이가 아니다. 다시 배움이야말로 창조다.

　직업인으로서의 전문가가 아니라 어떤 주제를 깊이 파서 사통팔달한 그런 전문가를 보고 싶다. 한 우물을 파더라도 제대로 파면 사방으로 연결되던데 우리는 아직 분과학문의 칸막이를 걷어내지 못하고 있다.

직업에 고착되지 않고 기존 영역에 안주하지 않고 고개 들어 세상을 보면 무수한 '말'이 살아 춤춘다. 침묵, 기도, 섬세, 몰입, 경청, 가르침…. 그것을 낚아채서 깊게 파는 사람, 그런 사람이 전문가 아닐까? 오래전 김범진의 책 『섬세』를 재미있게 읽었다. '섬세'라는 키워드를 가치적, 지식적, 방법적 측면에서 다양하게 풀어낸다. 『침묵의 세계(Welt des Schweigens)』를 쓴 막스 피카르트는 직업은 의사였지만 침묵에 관한 전문가다.

기존의 개념을 고수하지 않고 새로운 개념을 창안하는 사람, 시대적·사회적 가치를 발견하고 깊게 파서 대중에게 전파하는 사람, 살아 있는 세계를 만난 사람, 그런 전문가가 보고 싶다.

2

↗ 교육 워크숍 키워드_둘, 만남

만나야 열리는 세계

시인 신경림은 「길 이야기」라는 시에서 이리 말한다.

생각해 보면

내게는 길만이 길이 아니고

내가 만난 모든 사람이 길이었다.

나는 그 길을 통해

바깥 세상을 내다볼 수 있었고

또 바깥세상으로도 나왔다

— 신경림, 「길 이야기」 중 일부

　문을 열고 바깥세상으로 나가 사람을 만나 배우는 것이 '교육 워크숍'
이다. 사람들은 '만남'에서 배운다. 성공적인 삶은 사람의 숙명인 외로움
과 만남을 지혜롭게 하는 데 있다고 본 다석 유영모 선생은 외로움은 기
도에, 만남은 배움(가르침)에 썼다[18]고 하신다.

결국은 만남과 대화다

　만남은 대화다. 우리는 얼굴과 얼굴을 맞대고 만나 대화하면서 각자
살아온 인생 경험을 진솔하게 표현하고 다른 사람들의 경험을 들으며 '새
로운 의미'를 만든다. 신경림 시인의 말처럼 만남은 내가 바깥세상을 볼
수 있게 하며 나를 더 크게 만든다.

　결국은 만남과 대화다. 이 만남과 대화가 배움이고 가르침이다. 교육
분야에서 20여 년 일한 내가 제일 듣기 싫어하는 말이 교육과 가르침이
다. 나는 '교육'이라는 말에서 느껴지는 진부함과 권위를 간절하게 걷어
내고 싶었다. 드디어 '교육'을 대체할 말로 '만남과 대화'를 찾았고 그 의
미를 다른 사람들과 공유하고 싶었는데 쉽지 않았다.

---

18) 유영모, 『얼의 노래』, 두레, 2004.

우리는 태어나서 죽을 때까지 많은 것을 만난다. 사람, 공간, 손에 잡히는 물건, 자연을 만나고 신(神)을 만나는 사람도 있다. 대부분의 사람들은 이 세상에 태어나면서 부모와 가족을 만난다. 평생에 걸친 질긴 인연이다. 가족은 평생 자신이 짊어져야 하는 짐, 자신이 지고 가야 하는 십자가가 되기도 하고, 때로는 기쁨, 안식처가 되기도 한다. 더 성장하면서 친구, 스승, 선배, 후배, 연인을 만난다. 그들을 만나 느낀 사랑은 다다르다. 어쩌면 우리는 그들과의 만남, 그들이 준 사랑 때문에 살아왔는지 모른다.

만남의 연속이다. 잘못되었다고 생각하는 만남도 있고 인생의 전환점이 되는 스승과의 만남도 있다. 그 어떤 만남이든 소중하지 않은 것은 없다. 다 내게 필요해서 나에게 온 인연인 것이다. 물론 그것을 내가 알아채야겠지만 말이다.

바깥세상, 특히 손으로 만질 수 있는 대면 만남의 세상으로 나오는 것이 갈수록 힘겹다. 익명으로, 실시간으로 만나는 또 다른 세상, 온라인(On Line)이 더 편하다. 휘발성 강한 온갖 말들이 떠다니는 곳, 드러내놓기를 자랑하는 곳, 과잉표현의 장이 온라인이다. SNS에서의 만남은 맛난 것, 특이한 행동, 폼 나는 얼굴과 외모, 멋진 곳이 빠르게 교환된다. 만남의 공간은 넓어졌지만 왠지 더 허전하고 외로워진다. 얼굴과 얼굴을 맞대는 만남이 그리워진다.

얼굴과 얼굴을 맞대고 만나는 곳

교육 워크숍은 여러 사람들이 직접 만나는 곳이다. 얼굴과 얼굴을 맞대고 만나는 곳, 그 만남의 깊이와 폭은 매번의 교육현장에서 다르게 일어난다. 자기 자신을 만나고, 다른 사람의 소중한 체험을 만나면서 통찰을 얻는, 살아 있는 현장이 교육 워크숍이다.

철학자 비트겐슈타인은 얼굴을 몸의 영혼이라 했고, 레비나스는 가릴 수 없는 노출이라고 말한다. 레비나스의 타자 철학에서 '얼굴'은 사물과 대비된다. 사물은 전체의 한 부분, 전체 속에서 하나의 기능을 하는 반면 얼굴은 전혀 다른 차원을 우리에게 열어준다. 사물은 바라보지도 않고 호소하지도 않으며 스스로 표현하지도 않는다. 하지만 얼굴은 드러난다. 호소한다. 말한다. 입에서 나오는 것만이 말이 아니다. 얼굴로 말한다.

온라인에서 난무하는 악성 댓글에서 알 수 있듯 얼굴을 보지 않고는 막말을 퍼부을 수 있다. 그러나 그 상대가 막상 내 앞에 있을 때는, 얼굴을 보면 그리 막말을 하지 못한다. 상대에게 어쩔 수 없이 매정한 말을 해야 하는 경우 우리는 종종 이렇게 말한다. "얼굴 보고는, 도저히 말 못 해." 타자의 얼굴은 가릴 수 없는 노출로 위에서 나에게 걸어오기 때문이다.

교육 워크숍에서 만남을 불러일으키는 것이 교육 진행자, 교수자의 역할이다. 가라고 해서 온 사람도 있고, 뭔가 새로운 것이 있을 것 같아서 온 사람도 있다. 그들이 서로 자신의 체험을 말하고 경청하며 서로의 삶을 성찰하는 '참 좋은 만남'을 만들어가야 한다.

교육하기 전날, 나는 교육장에 오는 참가자들이 어떤 사람들인지 그림을 그려본다. 미리 대비를 하고 교육에 임하지만 내가 상상한 것과는 늘 다른 모양이 만들어진다. 매번 똑같았던 만남은 없다. 같은 목표, 같은 도구, 같은 활동지를 사용했어도 매번 다른 감동과 역동이 일어났다.

사람은 살아 움직이는 생물(生物)이기에, 사회적인 기준으로 표를 만들어 끼워 넣을 수 없는 존재이기 때문이다. 소설을 썼으면 몇 십 권 분량이나 될 그런 인생을 단 몇 줄로 어찌 표현하랴. 그래서 나는 교육현장에서 모든 '순간' 충실하려고 노력한다. 모든 에너지를 집중한다. 잘 듣고 피드백하려고 신경을 곤두세운다.

교육활동을 시작한 초창기에는 교육 참가자들에게 무엇을 줄지, 어떤 메시지를 말할지 고민했다. 그러나 지금은 '어떻게 잘 들을까?'에 주목한다. 참가자들이 자신들의 인생을 잘 풀어낼 수 있도록 어떻게 촉진할지 고민한다.

내가 줄 것은 많지 않다. 교육생들은 다 알고 있다. 살아오면서 이미 답을 알고 있는 것이다. 그것을 알아채지 못하고 살았을 뿐이다. 그들은 충분히 훌륭하게 살아왔다. 그들이 이미 경험한 것에서 발견할 수 있도록 도와주는 것이 나의 몫인 것이다.

그들이 경험한 그 '일'이 가르쳐주는 것, 일러주는 것이 무엇인지 알아챌 수 있도록 한다. 학습자들이 자신의 경험에 접속할 수 있도록 돕는다.

마음을 열면 그냥 웃음이 난다

이제는 참여식 · 체험식 교육이 널리 확산되어 어느 교육 워크숍을 가든지 첫 시간은 교육 참가자 각자를 소개하는 것과 교육에 대한 기대를 밝히는 것으로 시작한다. '마음 열기' 또는 'Ice Breaking'이라고 한다.

교육 참여자들은 처음에 긴장한다. 서로를 잘 모르는 경우는 더 심하다. 늘 같이 지내던 같은 회사, 학교, 단체 구성원들이라도 긴장한다. 교육 진행자와는 첫 대면이고 더구나 직장 동료, 동네 주민, 계 모임 등에서 친한 사람들끼리 만나 수다를 떠는 사적인 만남이 아니라 의도적이며 공식적인 만남이기 때문이다.

교육 초반의 어색한 분위기를 걷어내고 참가자들이 자신의 이야기를 맘껏 풀어 놓을 수 있는 분위기로 바뀌면 교육이 자연스럽게 흘러간다. 참가자들의 긴장을 풀어주기 위해 가벼운 스트레칭을 해도 좋다. 옆에 뒤에 앉은 다른 사람들과 가볍게 인사한다. 인사는 모든 인간관계의 첫 출발이며 마음의 문을 여는 확실한 방법이다.

다음, 서로를 알 수 있는 가벼운 대화로 교육장에 함께 앉아 있는 다른 참여자와 말을 섞는다. 이제 교육장에 따스한 온기가 감돈다. 교육에 참여한 학습자들이 두려워하거나 다른 참여자들을 경계하지 않고 자연스럽게 자기의 이야기를 하게 되면, 이제 워크숍은 저절로 흘러간다.

일반적으로 교육 워크숍에서 '마음 열고 만나기' 시간은(전체 교육시간에 따라 다르긴 하지만) 1시간 반에서 2시간을 배정한다. 교육 참가자 각자가 자신을 소개하고, 교육현장에 어떤 사람이 왔는지 파악한다. 각자 교육에 참여하게 된 동기를 밝히며 교육의 목표가 무엇인지 확인하는 활동을 '마음 열고 만나기' 시간에 진행한다. '마음 열기'라는 이름이 붙여진 그 시간에만 마음 열기를 해야 하는 것은 아니다. 참여자들은 교육 전 과정에서 마음을 열고 교육장에서 마주한 타자를 만나간다.

'마음 열고 만나기'가 잘 안 되면 다른 순서로 자연스럽게 연결될 수 없다. 시간표상 다른 순서로 넘어갔더라도 진행이 매끄럽게 되지 않는다. 나는 워크숍에서 참가자들의 긴장된 얼굴이 환한 미소로 바뀌지 않으면 마음 열기 시간을 연장해서라도 승부를 본다. 성과적인 교육 워크숍은 많은 부분 마음 열기 시간에 달려 있기 때문이다.

마음을 열면 그냥 웃음이 난다.
마음을 열면 나를 자꾸 말하고 싶어진다.
마음을 열면 생각이 사라지고 상대를 그냥 바라보게 된다.
마음을 열면 밖의 소리가 잘 들어온다.

마음을 열면 다른 사람의 말을 판단하지 않고
그냥 그대로 듣게 된다.
마음을 열면 세상 모든 것을 있는 그대로 보게 된다.
마음을 열면 느낌이 살아 난다.
마음을 열면 얼굴에서 빛이 난다.

안녕, 낯선 사람

'안녕, 낯선 사람' 홍대 근처 출판 골목에 있는 카페 이름이다. 지금도 있는지는 모른다. 갈수록 낯선 사람과 마주치는 것이 부담스러운 시대에 정겹게 다가오는 카페 이름이다.

많은 사람들이 낯선 사람과 마주치는 것을 불편해한다. 다른 사람과 마주치지 않으려고 집 밖을 나가지 않는다. 내 얼굴을 남에게 보이기 싫어한다. 어쩌다 어떤 공간에서 낯선 사람을 마주치게 되면 거리를 두고 그냥 보기만 한다. 타자에게 다가서지 않는다. 그에게 먼저 인사하지 않는다.

우리는 살면서 많은 낯선 것들을 만난다. 낯선 물건, 낯선 사람, 낯선 장소…. 낯선 것과 대면했을 때, 처음부터 두 팔 벌려 환영하는 사람이 몇이나 될까? 낯선 것을 처음 만났을 때 먼저 드는 감정은 두려움일 것이다.

홍대 거리 출판골목에

있는 카페,

'안녕, 낯선 사람'

시골에서 초등학교를 다니던 시절 나는 '처음'으로 서울이라는 곳에 가게 되었다. 모든 것이 처음 보는 것이었다. 어떻게 걸어야 하는지, 어디를 보아야 하는지 몰라 같이 간 언니의 손을 꼭 잡고 다녔는데 어찌하다 언니의 손을 놓쳤다. 언니가 10여 미터 앞서서 걷고 있었다.

그렇게 먼 거리도 아닌데 나 혼자 걷는 것이 두려웠다. 골목에 정차한 자동차가 있었다. 무서운 괴물 같았다. 자동차가 나에게 달려들 것 같았다. 언니는 저만치서 괜찮다고, 그 차 움직이지 않는다고 말하는데도 무서워서 뒷걸음치다가 추운 겨울 시궁창에 빠진 기억이 아직도 생생하다.

사람도 마찬가지다. 잘 알지 못하는 그 사람과 관계를 맺었다가 내가 상처를 받을까 봐, 손해를 입을까 봐 두렵다. 그래서 처음부터 경계한다. 그리고 조금씩 탐색하며 다가간다. 당연하고 자연스런 행동이다. 인간에게 이런 경계심이 없었다면 지금의 인류문명을 일구어낼 수 있었을까? 원시시대에 인간보다 힘이 센 맹수들에게 다 잡아먹혀 생존할 수 없었을 것이다.

처음 만나는 사람에게 왜 쉽게 다가서지 못할까? 믿지 못하기 때문이다. 그 사람이 나를 해치지 않을 것이라는 믿음이 아직은 없다. 처음 가보는 장소, 공간도 마찬가지다. 어디에 위험 요소가 있는지 모르기에 주춤거린다. 아는 사람이 별로 없는 각종 모임, 여행지에서의 첫날이 그렇다.

만남은 나와 다른 '타자(他者)'를 만나는 것. 『몰입의 즐거움(finding flow)』[19]에서 칙센트미하이는 "차이에 대해서 거부감을 느끼면서도 우리는 낯선 것과 이국적인 것에 매력을 느낀다."고 말한다.

교육 워크숍에서 우리는 낯선 이들을 만나 그 만남에서 나와 다른 타자의 차이를 발견하고 즐긴다. 칙센트미하이의 말처럼 "타자들이 기본적으로 우리와 같은 목표를 가지고 있고, 어느 정도 예측할 수 있는 한계 안에서 행동하리라고 가정할 수만 있다면, 타인이라는 존재는 내 삶의

---

19) 미하이 칙센트미하이(Mihaly Csikszentmihalyi), 『몰입의 즐거움』, 해냄출판사, 2009.
칙센트미하이 박사는 삶은 행동하고 느끼고 생각하는 것, 다시 말해서 경험이라고 주장한다. 저자는 다년간의 자료조사를 바탕으로 일상생활 경험의 내용(공부나 근무, 여가 등)을 분석한 후 경험의 질을 높이는 방식을 제시한다. 그것은 바로 '몰입'이다. 지금 하고 있는 일에 몰입하는 순간 삶이 변화된다고 주장한다.

질을 높이는 조미료 구실을 한다." 나에게 자극을 주며 성장시키는 '타자'를 잘 만나기 위해 여러 가지 활동을 하며 교류하는 것이 교육 워크숍이다.

낯선 것이 주는 선물을 듬뿍 받는 곳

교육 워크숍에 모인 사람들은 낯선 환경에 들어선다. 교육 성격에 따라 다르긴 하지만 내가 의뢰받아 진행한 교육에 참여한 학습자들은 서로가 모르는 사람들, 낯선 환경이었다. 낯선 것에는 두려움만 있을까? 설렘도 있다.

설렌다는 것은 흔들린다는 것, 밖에 있는 것이 나를 건드려 무엇인가 새로운 일이 일어날 것이라는 기대감을 준다. 교육 워크숍에서 우리는 낯선 사람을 만나 자기의 이야기를 하며 저절로 치유되는 경험을 한다. 다른 사람의 이야기를 들으며 나도 몰랐던 내 안의 또 다른 나를 발견하기도 한다.

'낯설음'은 모든 관계의 처음이다. 새로 산 물건, 처음 가보는 곳, 한 번도 만나지 않았던 사람. '처음'은 신선하다. 그러니 '처음처럼'이란 이름의 소주도 있지 않은가? '처음'에는 신선함만 있는 게 아니다. 그 상황을 대면하는 주체인 내가 그 상황을 통제할 수 있는 가능성이 '처음'에는 높다.

나를 처음 만나는 사람들은 김영미인 내가 게으른지, 잘 안 씻는지, 물건을 잘 잊어버리는지 모른다. 그래서 그 사람에 대한 편견이 없다. 너나 나나 다 '초기 값'이다. 그러니 맞짱 뜰 수 있다.

'처음'에는 그것, 그 상황을 내 생각대로 만들어 갈 확률이 높다. 기존의 관계에는 이미 짜인 질서가 있다. 사물이든, 사람이든 관계가 지속되면서 사람들은 편안함을 위해 질서를 세운다. 이 질서는 개인적으로는 습관이며 사회적으로는 관습, 약속, 법, 제도다.

방 안에 있는 가구의 위치가 매일 바뀐다면 얼마나 혼란스러울까? 물건 찾는 데 하루 종일 걸릴 수도 있다. 사용하는 물건이 늘 새로운 것이라 사용법을 매일 새로 익혀야 한다면 기회비용이 많이 든다. 매일 다른 사람을 만나며 살아간다면 또 어떨까? 피로감에 지쳐 쓰러질 것이다.

우리는 사회생활을 하면서 질서와 제도로 인해 편안함과 안정감을 느끼며 살아간다. 빨간 불에는 서고, 초록색 불이 켜지면 걷는다는 약속으로 마음 편히 횡단보도를 건넌다. 한 학기가 끝나면 방학이 올 것이라 믿기에 여행 계획을 세울 수 있다. 달력에 빨간 글씨로 된 날짜에는 학교나 직장에 가지 않아도 된다.

하지만 이 질서는 때로 개인의 자유와 욕망을 억압한다. 세계는 끊임없는 변화이며 흐름인데 질서는 '그래야 하는' 당위다. 질서는 '살아 있는 사람들'이 살아가는 세상을 늘 한 발 뒤처져 따라간다. 새로운 질서가 만들어지는 데는 시간이 걸린다.

'처음'인 상황은 초기 값인 내가 어떻게 말하고 행동하는가에 따라 새로운 관계 만들기가 가능하다. 그래서 우리는 인생의 전환을 도모할 때, 기존에 만나던 사람과 거처하는 공간, 장소를 아예 바꿔버린다. 지속하던 관계를 단절하거나 살던 지역을 떠나 다른 곳으로 간다. 사는 나라를 바꿔 이민을 가기도 한다.

낯선 것과의 만남에서 우리는 익숙해진 제도와 관습에서 벗어날 수 있다. 물론 나와 내가 만나는 타자 안에 이미 제도와 관습, 문화가 들어와 있지만 그래도 새로운 상황을 만들어 갈 가능성은 커진다.

처음인 것, 낯선 것과의 만남에서 우리는 새로운 에너지를 공급받기도 한다. 추운 겨울 방 안에만 있다가 문을 열고 맞는 차가운 공기가 내 머리를 시원하게 때린다. 처져 있던 몸의 기운이 다시 돌고 혼탁했던 머리가 맑아진다. 전환이 된다. 그러니 낯선 것, 다른 것을 즐길 일이다.

2016년에 돌아가신 신영복 선생님이 『처음처럼』[20]이란 서화집에서 말씀하시지 않았던가. "산다는 건 수많은 처음을 만들어 가는 끊임없는 시작"이라고. 그러니 "처음으로 하늘을 만나는 어린 새처럼, 처음으로 땅을 밟는 새싹처럼" 살아갈 일이다.

'낯설음'은 곧 익숙함으로 바뀐다. 익숙해지면 편하기도 하지만 지루해진다. 오래된 관계 속에서 형성된 습관과 약속, 제도에 갇혀서 살게 된

---

20) 신영복, 『처음처럼』, 돌베개, 2017.

다. 가끔 익숙한 곳을 떠나 '새로운' 환경을 접하면 신선한 에너지를 공급받는다. 그것이 꼭 여행만은 아닐 것이다. 교육 워크숍은 낯선 것이 주는 선물을 듬뿍 받을 수 있는 여행인 셈이다.

만나야 열리는 세계

어쩌면 이 세상 모든 것은 매 순간 처음이다. 제주도 서귀포 법환에서 저 멀리 범섬이 보이는 숙소에 일주일 머무른 적이 있다. 하루에 한 번만 밖으로 나가 산책하고 방구석에 틀어박혀 글을 썼다. 가끔 테라스에 나가 범섬을 보았다. 그 범섬이 한 번도 같은 모양으로 보인 적이 없다. 시시각각 변하는 모습에 감탄하며 사진에 담아보려 했지만 처음 본 그것과 달랐다.

한가한 주말 낮, 걷기 동행인 선생님과 함께 탄천 길을 걷는데 탄천 물이 햇빛을 받아 반짝인다. 사진을 찍어보았지만 내가 본 '그것'이 아니다. 그 풍경을 사진에 다 담을 수 없어 안타까워하는 나에게 걷기 동행이 말한다. "그게 그대로 담기면 자연이겠어요?"

사진으로도, 언어로도 다 표현할 수 없는 매 순간의 저 섬, 탄천처럼 자연, 우주, 생명의 세계에 두 번은 없다. 문명, 사회에 사는 인간계에만 두 번이란 게 있을 뿐. 그 '두 번'을 만드는 사람이 어쩌면 예술가가 아닐까? 그 '순간'을 만나서 표현한 사람들. 폴란드 시인 쉼보르스카도 두 번은 없다고 노래한다.

두 번은 없다. 지금도 그렇고

앞으로도 그럴 것이다.

…(중략)…

반복되는 하루는 단 한 번도 없다.

두 번의 똑같은 밤도 없고,

두 번의 한결같은 입맞춤도 없고

두 번의 동일한 눈빛도 없다.

– 비슬라바 쉼보르스카, 「두 번은 없다」 중 일부

우리가 사물을 볼 때 재인식을 하지 않는다면 모든 것이 다 처음이다. 재인식은 사물과 세계를 우리가 이미 아는 개념, 사회에서 통용되는 개념으로 보는 것이다. 프랑스 철학자 들뢰즈는 "어떤 물질, 어떤 대상, 어떤 존재든 해석하고 해독해야 할 기호를 방출한다."[21]고 말한다. 인식의 주체가 이 기호와의 마주침으로 기존의 인식 틀을 해체하고 새로운 인식 틀을 만들어 가는 것이 참 인식이며 배움이라고 했다.

내가 이미 아는 '개념'으로 보지 말고 그 순간의 그것, 그 사람을 만나

---

21) 김재춘 · 배지현, "들뢰즈 철학에서 '배움'과 '가르침'의 의미와 관계 탐색", 교육학 연구 제50권(2012)

서 느끼고 '새로' 알라는 말이다. 김영미를 고집 센 여자로 보면 피곤하고 힘들 거다. '고집 센 여자'라는 딱지를 떼고 보니, 새록새록 다른 것이 보인다. 이미 인식하고 있는 개념 틀로 사람을 만나거나 어떤 상황을 해석한다면 늘 새롭게 변화하는 실상(實像)을 보기 힘들다는 뜻이다.

이미 아는 개념으로 세상을 보는 재인식은 수월하게 세상을 볼 수 있는 방식이다. 주조된 틀에 세상을 집어넣는다. 이러한 인식은 아주 가끔 뒤통수를 맞을 뿐 우리 모두 그렇게 세계를 인식하며 살아가기 때문에 대부분 별 탈은 없다.

'낯선 것'과의 만남은 기계적으로 살아가는 우리 삶에 활력을 준다. 긴장감을 불러일으킨다. 자기 몸, 감각에 다시 집중하게 되고 자율적으로 생각하게 된다. 매일 잘 열리던 문이 어느 날 열리지 않게 되는 상황을 상상해보자. 문고리를 오른쪽으로 돌렸다가 다시 왼쪽으로, 앞으로 당겼다가 뒤로 밀었다…. 이리저리 행동하며 집중해서 문고리와 문을 본다. 자세히 본다. 자세히 보는 것, 순간에 집중하는 것, 이것이 바로 '만남'이다.

매일 같은 공간에서 시간을 함께했지만 내 앞에, 옆에 있는 사람을 집중해서 본 적이 있는가? 다 알고 있다고 여기는데(실은 다 알지 못하고 내 생각으로 보는 것이지만) 굳이 자세히 볼 필요가 있을까? 그러나 낯선 사람은 다르다. 모르니까 알기 위해 집중한다. 개념, 틀 이런 거 들이대지 않고 마주치면서 알아가는 맛, 꽤 쏠쏠하다. 그러니 낯선 것과의 만남을 두려워 말고 즐길 일이다.

　교육 워크숍을 진행할 때 나는 새로운 공간에 들어선 학습자(참여자)들 모두가 낯선 것과의 만남, 타자와의 마주침을 축복으로 느꼈으면 하는 마음이 간절했다. 같은 시간, 같은 공간에 있다고 해서 누구에게나 마주침이 일어나는 것은 아닌데, 학습자들 모두가 만남의 기쁨을 느꼈으면 하는 마음이 커서 워크숍을 진행하며 과도한 에너지를 쓰기도 했다.

　우리의 인생이 늘 마주치는 것은 아니다. 그냥 지나칠 때도 있다. 누구나 자기가 살아온 인생, 자기가 경험한 만큼 느끼고 배운다. 내가 느끼고 아는 게 정답, 표준은 아니다. 절대적인 표준이라는 것은 없다. 그러니 '내가 행복하고 즐거우니 너희들도 행복해라'고 말하지 말지어다. 다만, 이리 말하면 되겠다.

　"내가 느낀 이 놀라움, 기쁨을 여러분도 함께 느꼈으면 좋겠습니다."

　2008년 MBC 방송에서 방영된 드라마 〈베토벤 바이러스〉에서 오케스트라 지휘자 강마에가 공연을 마친 후, 관객을 향해 했던 말 "그때 제가 받은 위로를, 그 힘을 여러분도 같이 느꼈으면 좋겠습니다." 이 말에서 강도를 좀 줄여 이리 말하는 건 어떨까? "저는 이 순간 놀라움을 느꼈습니다."

3

↗ 교육 워크숍 키워드_셋. 역동

같이 춤출래요?

많은 교육 워크숍이 '마음 열기' 하는 시간을 마련해 참여자들이 서로를 소개하고 모임에 오게 된 동기를 말하는 것으로 시작한다. 워크숍의 마무리는 각자가 교육과정에서 무엇을 배웠는지 소감을 나눈다. 이렇게 시작에서 마무리까지 교육이 진행되는 사이에 잔잔한 물결이 일기도 하고 거친 파도가 치기도 한다.

사람과 사람이 만나 엮어내는 우리네 삶의 현장이 역동적이듯, 각자 다르게 살아온 참여자들이 만나 서로의 이야기를 풀어내며 만들어 가는 교육 워크숍도 그렇다. 역동적인 한 편의 드라마다. 역동의 원리를 생각해본다.

인간이 아닌, 개인을 존중하기

참여자 한 사람, 한 사람을 존중하는 것이다. 사람은 누구나 다 독특하다. 유일하다. 그 독특한 면을 자신이 알았을 때 거기서 '힘'이 나온다. 김춘수 시인이 「꽃」이라는 시에서 말한 것처럼, 각 사람의 빛깔과 향기(香氣)에 알맞은 이름을 불러줘야 한다. 자기계발강사인 브라이언 트레이시는 말한다. "칭찬이란, 그 사람의 특성에 대한 존경심의 표현"이라고.

혼자보다 집단 속에서 함께 일할 때 노력을 덜 기울이는 현상인 '링겔만 효과'라는 것이 있다. 100여 년 전, 독일의 심리학자 링겔만은 줄다리기를 통해 집단에 속한 각 개인 공헌도의 변화를 측정하는 실험을 했다. 개인이 당길 수 있는 힘의 크기를 100으로 보았을 때, 2명, 3명, 8명으로 이루어진 각 그룹은 200, 300, 800의 힘을 발휘할 수 있을 것으로 우리는 기대한다.

그러나 실험 결과에 따르면, 2명으로 이루어진 그룹은 잠재적인 기대치의 93%, 3명인 그룹은 85%, 그리고 8명으로 이루어진 그룹은 겨우 49%의 힘만 발휘한 것으로 나타났다. 즉, 그룹 속에 참여하는 개인의 수가 늘어날수록 1인당 공헌도가 오히려 떨어지는 현상이 발생한 것이다.

이는 혼자서 일할 때보다 집단 속에서 함께 일할 때 노력을 덜 기울이기 때문이다.[22]

그런데 이러한 링겔만 효과를 뒤집는 실험을 오래전 TV 프로그램에서 본 적이 있다. 체육관 같은 곳에서 여러 명의 아이들에게(일단 10명이라고 해 두자) 일정한 무게의 짐(정확히 생각이 나지 않는다. 타이어 혹은 쇠라고 해도 무방하다)을 끌라고 했다.

각각의 아이들이 평균적으로 10킬로그램의 짐을 끌었다고 치자. 이어서 10명의 아이들에게 힘을 모아 짐을 끌라고 했다. 산술적으로 계산하면 100킬로그램을 끌어야 하는데, 위 링겔만 효과처럼 그렇지 못했다.

이번에는 이 아이들에게 각각 다른 이름(예를 들어 슈퍼맨, 오뚜기, 울트라맨 등)이 적힌 티셔츠를 입힌 뒤 끌게 했더니 100킬로그램이 되는 무게의 짐을 끌었다. 링겔만 효과를 뒤집는 실험이었다. 개인의 독창적인 캐릭터가 지닌 힘이라고나 할까? 휴렛 패커트 회사의 '가치 진술문'은 이렇다.

---

22) 〈주간경제〉, 2004년 3월 17일자.

휴렛 패커트의 가치 진술문

"무엇이든지 남에게 대접받고자 하는 대로 너희도 남에게 대접하라
우리는 근본적으로(   )을 존중하는 것이다.
당신이 그에게 기회를 주면
그 사람은 당신이 생각하는 것보다 더 많은 것을 할 것이다.
그러므로 그에게 자유를 주라.
(   )을 존중하라, 단지 직원들에게만 아니라 고객들과 일에까지."

이 가치 진술문 괄호 안에 들어갈 말이 무엇일까? 인간, 사람? 아니다. 개인이다. 한 사람, 한 사람의 개인을 존중해야 한다. 인간, 사람을 존중하는 것과 개인을 존중하는 건 다른 말이다. 인간, 사람이라는 보편성 속에서 '개별자'의 특성은 자주 소거된다.

말 없는 자의 말도 들어야 한다

교육 워크숍 현장에서 거리낌 없는 사람들은 일단 내지른다. 찌른다. 그들은 찌른다고 생각하지 않고 말한다. 그런데 상대방은 상처받는다. 물론 이렇게 쑥 들어가고 내지르는 사람들은 눈치 보는 사람들이 불편하

다. '언제까지 간을 볼 건데, 간 보다가 세월 다 간다.'고 생각한다.

나는 사실 내향적이고 소극적인 사람들이 주위 사람들을 더 배려한다고 생각하지 않는다. 교육현장에서 그들이 그냥 앉아서 아무 말도 하지 않고 에너지를 뿜어낼 때, 힘들다. 그렇지만 그들은 말을 하는 거다. 소리 없이 말한다. '나 이렇게 앉아만 있을게요.' 그러면서 그들은 주변을 표시 나지 않게 살핀다. 슬쩍슬쩍 보면서 다른 사람들의 말을 듣는다.

사람들은 마음의 문을 닫았다, 열었다 한다. 다른 건 강압적으로 할 수 있을지 모르지만 마음의 문만은 밖에서 열 수 없다. 자신이 스스로 열어야 한다. 문을 닫은 사람에게 빨리 나오라고 재촉하거나 일방적으로 다가가도 안 될 일이다. 조심스럽게 한 발, 한 발 다가서야 한다.

집에 혼자 있는 날 누군가 문을 두드린다. 집 안에 사람이 없는 척할까 하다가 혹시 아파트 관리실에서 중요한 공지를 하려나 해서 인기척을 하면 역시나 다른 집 대문을 두드리며 전도하는 분들이시다. '나는 그런 걸 원한 적이 없어요.' 물론 정중하게 사양했지만 나의 사적 시간이 침해받은 것 같아 유쾌하지는 않다.

밖에서 강제로 나에게 다가오지 않았으면 좋겠다. 괜히 와서 문 두드리고, 원하지도 않는데 전도하고, 뭐 좋은 거 있다고 권하고…. 집 안에 있는 사람이 스스로 나와서 사고 싶은 것 사고, 갖고 싶은 종교를 택하도록 해 주세요.

우리는 종종 다른 이의 의사를 묻지 않고 너무 가까이 간다. 예의 없이 들이댄다. 나도 상대의 기분, 상태를 살피지 않고 눈치 없이 들이댔던 때를 반성한다. 교육 워크숍을 진행하면서 나는 말없이 앉아 있는 참여자에게 성급하게 다가가 문을 두드렸던 적이 많았다.

나는 교육 워크숍을 운영하면서 참여자들의 어떤 응답도 읽을 수 없는 상황이 힘들었다. 어느 때는 이런 참여자들이 밉기도 했다. 다시 생각한다. 그들이 꼭 말해야 하는 건가? 그냥 앉아만 있어도 참여하는 것 아닌가? 어디까지가 참여인가? 가만히 앉아만 있었어도 그들은 말을 했다.

워크숍에서 교수자는 말 없는 참여자의 그 말을 알아듣는 것까지 해야 한다. 소리 없는 말을 알아듣는 것 말이다. 그들에게는 말로 가면 안 된다. 의식으로 다가가야 한다. 공간으로 소통해야 한다. 그리고 기다려야 한다. 성질 급한 나는 늘 앞서가서 낭패를 본다. 기다림에는 상대에 대한 배려와 존중이 들어 있다.

공간이 말한다. 공간에 놓여 있는 가구, 공간을 흐르는 공기, 참여자들의 몸에서 뿜어나오는 기운과 눈빛으로 교감해야 한다. 그것까지 가야한다. 보이지 않는 것을 보고 말하지 않는 것을 알아들어야 한다. 그들의 몸이 말하지 않던가.

교육현장에서 표 나지 않게 앉아 있는 사람은 할 말이 없어서 그런 것이 아니다. 자신이 말할 기회를 포착하지 못해서, 아니면 자기가 앉아 있는 그 상황에 불만이 있어서, 혹은 많은 사람들 앞에 나서서 말하는 것이 두려워서 조용히 있는 것이다. 어떻게 표현해야 할지 몰라 안타까워하며 앉아 있기도 한다.

시간이 해결해준다. 빨리 역동적인 교육현장을 만들려고 조급해하지만 않는다면, 마음의 여유를 갖고 기다리면 시간이 지나면서 소극적이던 참여자들도 한 발, 한 발 다가온다.

제주도 서귀포 법환 해안가 숙소에서 본 범섬은 예뻤다. 시간마다 다른 자태를 보여준다. 아침 7시 아직 어두울 때 테라스에 나가 범섬을 보았다. 아직 그 형체를 드러내지 않는다. 까만 어둠 속에서 파도소리, 바람소리만 들린다. 가만히 기다린다, 그냥 기다린다. 천천히 기다리면 그것이 서서히 그 모습을 드러낸다. 시간이 자신을 펼친 것이다. 기다림은 시간에게 시간을 허락하는 것. 기다릴 줄 아는 사람만이 그 기쁨을 맛볼 수 있다.

참여란 심장이 뛰는 것

오랜만에 나는 정치적인 주장을 하는 집회에 참가했다. 정세를 어찌 판단해야 할지 많이 망설였다. 전에는 한 놈만 믿고 따르면 되는 세상이었건만 이제는 그게 아니다. 중앙 거대언론도 권위가 상실되어 믿기 힘들고 참 난감했다. 주위 사람들에게 어찌해야 하는지 물어봤는데 다들 잘 모르겠다고 한다. 여기저기서 마구 쏟아내 홍수처럼 넘쳐나는 정보 속에서 줄기를 보지 못하고 부분적인 것에 매몰된 나를 반성한 뒤 시위에 참여했다.

같은 편이 모인 집회라서 그랬을까? 왠지 마음이 평화로웠다. 어찌해야 좋을지 계속 망설이다가 입장을 결정해서 그랬을 수도 있겠다. 심장이 뛰는 소리가 들리는 듯했다. 참여란 그런 것이다, 심장이 뛰는 것.

나는 이 집회에 참여하기로 결정하고 갔지만 교육 워크숍에 오는 많은 학습자들은 가라고 해서 어쩔 수 없이 오는 사람들이 많다. 『창의적 교수법(Creative traning techniques handbook)』의 저자 밥 파이크는 이런 학습자를 '피랍자'라고 부른다. 그들도 괴롭고 워크숍을 운영하는 나도 힘들다. 지금껏 운영한 워크숍 중 가장 쉬웠을 때는 내가 한참을 관망하다 집회에 참여해야겠다고 결정하고 간 것처럼, 참여자가 스스로 선택해서 온 교육이었다.

억지로 끌려온 사람들이 드디어 말하고 행동할 때 비로소 역동적인 현장이 만들어진다. 참여를 이끌어 내는 첫 단계는 학습자들이 '참여 동기와 느낌'을 말하는 것이다. 어떤 참여자는 공개적으로 기분이 매우 나쁘다고 표시한다. 자신의 기분을 표현하는 '폭발녀'로 별칭을 지은 참여자도 있었다.

사무실에는 해야 할 일이 잔뜩 있는데 교육에 가라고 해서 왔고 자신은 지금 폭발하기 일보 직전이란다. 일단 이렇게 감정이 드러나면 표면적인 분위기는 삭막해진다. 하지만 표현하는 것이 낫다. 말하면서 어느 정도 풀린다. 물론 그렇게 표현한 참여자가 다른 참여자들을 자기 편으로 끌어들이는 부정적인 힘을 발휘하지 않을 때 그렇다.

교육 참가자들이 지금 여기에 있지 않은 또 다른 이유는 집과 사무실에 두고 온 꼭 처리해야 할 일, 내일에 대한 불안과 걱정 때문이다. 우리는 늘 지나간 어제와 아직 오지 않은 내일을 사는 것에 길들여졌다. 이해한다. 그들의 근심과 걱정을 처리해줘야 한다. 신통력을 발휘해서 집이나 사무실에 두고 온 일을 대신 처리해 줄 수도 없고, 미래에 대한 불안감을 떨치기 위해 푸닥거리를 할 수도 없다. 그러나 그 불안과 걱정을 약화시킬 수 있는 방법이 있다.

이렇게 묻는다. '지금 여기에서의 네 느낌은?' 생각할 짬을 주지 않고 곧바로 대답하게 한다. 느낌은 생각보다 빠르다. 집단의 성격에 따라 또는 이 질문을 던지는 시기에 따라 다르겠지만 보통은 '좋아요, 더워요, 싫어요, 기대가 돼요' 등 몇 가지 단어밖에 나오지 않는다.

아…. 이 척박한 느낌의 영토. 그동안 생각의 세계에 사느라, 느낌에 대한 언어가 자라지 못했네. 옳은 생각, 틀린 생각 딱 두 가지가 지배하는 시대에 사느라 느낌도 좋은 것과 싫은 것 딱 두 가지만 느끼고 살았구나.

몸과 마음에 전해져오는 느낌은 옳은 것, 틀린 것이 없다. 그래서 생각을 말하는 것보다 느낌을 말하는 것이 쉽다. 일단 자신의 느낌을 말하고 나면 시원해진다. 근심과 걱정이 좀 가벼워진 것 같다. 느낌 말하기는 프로그램 중간중간에 해도 좋다. 몸은 교육 공간에 있지만 잠깐 다른 세상에 가 있는 참여자들의 마음을 다시 교육장으로 끌어올 수 있다.

계급장 떼고 만나야 입이 열린다

교육 워크숍은 학습자와 교수자, 학습자와 학습자가 쌍방향으로 교류하고 소통하는 마당이다. 전제조건은 모두의 평등, 1/N의 역할이다. 교수자의 권위를 이용해 학습자들을 일방적으로 이끌고 가는 것은 학습자와 교수자 간 자연스러운 교류, 상호작용을 막는다.

가끔 강의식 교육을 할 때, 나는 좀 멋쩍다. 관공서에서 초대한 교육현장에서는 눈길을 어디에 둬야 할지 몰랐던 경우가 몇 번 있는데 그중 하나가 강사인 나를 소개할 때다.

내가 보낸 이력서를 줄줄 읽는다. 어느 대학을 나왔고, 학위는 뭘 했고, 저서는 뭐가 있고…. 몇 번 이런 일을 겪고 난 뒤에는 사전에 부탁을 한다. 현재 무슨 일을 하는지와 이름만 소개해 달라고 정중히 말한다. 나머지는 내가 다 알아서 한다고. 그분들은 그렇게 하는 것이 예의라고 생각했을 것이다. 이런 관행 하나 깨기가 이리 힘드니, 우리는 참 생각을 안 하고 사는 것 같다.

　강사가 교육장에 앉아 있는 학습자보다 여러 가지 면에서 더 낫다고 생각해야 강사의 말발이 선다고 여겨서일까? 아니, 요즘 같은 세상에 지식 축적의 양을 기준으로 지식인이다 말하는 것 자체가 우스운 일인데 왜 이러실까. 계급장 떼고 만나도 나는 충분히 학습자와 소통할 수 있는데 어느 대학을 나왔고 뭔 책을 썼고, 학습자들에게 그걸 미리 알려주는 이유가 뭘까?

　교육을 교수자와 학습자의 소통, 대화로 보는 게 아니라 아직도 다른 사람들을 계몽하고 훈계하는 것으로 보는 것이다. 사회적으로 인정되는 이력을 들이대면 교수자의 말을 잘 들을 거라 생각하는가 보다. 어쩌다 그 방식이 통해서 듣는 것까지는 하더라도 알아먹는 것까지는 안 될 터인데 말이다. 배움은 '알아먹는 것'. 학습자가 먹어야 자기 것이 된다.

　또 한 번의 경험은 아주 충격적이었다. 강의를 많이 다니는 선생님과 이야기하다 보니 그분도 나와 비슷한 경험을 했다고 해서 놀랐다. 어느 중앙부처에 속한 기관이었다. 강당에서 하는 강의다. 참석자들이 앉는 의자는 모두 나를 향해 있다.

　당연하다. 강사가 하는 말을 주야장천 듣는 게 강의니까. 아니, 듣지 않아도 된다. 그냥 그 자리에 앉아 있기만 하면 되는 게 강의니까. 학습자들 간에는 서로의 얼굴을 볼 수 없다. 앞 사람 뒤통수를 볼 수 있게 의자를 배치했다. 당연하다, 강의는 원래 그런 거니까.

맨 앞줄 정 중앙에 있는 의자가 남달랐다. 등받이가 머리 위까지 올라오는 가죽으로 된 으리으리한 의자. 기관장이 거기 앉으셨다. 물론 중간에 퇴장하셨다(는 아니지만 이런 분들은 제일 마지막에 입장하시고 교육이 끝나기도 전에 먼저 나가신다.)

강의하는 내내 아주 불편했다. 그 자리에서 담당자에게 문제 제기하지 못하고 교육을 마친 나를 자학했다. 나는 왜 거세게 항의를 하지 못했을까? 프리랜서 강사지만 이 바닥에서 찍힐까 봐 그랬겠지. 그렇다면 저 말도 안 되는 상황 속에 있었던 교육 참여자들도 그런 마음이었을 것이다. 다시 이런 상황이 온다면 어떤 식으로든 내 의사를 정확하고 강경하게 전달하리라 다짐한다. 아니, 그 자리를 박차고 나오는 게 마땅하다.

학습자와 교수자 사이에 서로 계급장 떼고 평등할 때 말이 나온다. 학습자 사이도 마찬가지다. 완장을 찬 한 명의 학습자가 권위를 심하게 과시하는데 다른 학습자들의 입이 열릴까? 학습자와 교수자 서로가 1/N로 마주 앉아야 입이 열린다. 말이 이어진다. 말이 엮인다. 서로의 삶이 섞인다.

말을 엮어가며 삶을 풀어내는 드라마

나는 TV 방송과 신문에서 인터뷰 프로그램과 기사를 즐겨 본다. 아주 오래전에 방영했던 〈조영남이 만난 사람들〉이나 〈김한길이 만난 사람들〉, 탤런트 이승연 씨가 사회를 본 〈파워 인터뷰〉 프로그램을 재미있게 보았다. 사람을 만나게 해 주는 인터뷰 프로그램이었다.

초대된 사람들의 인생사와 철학, 세계관을 엿볼 수 있는 유익한 프로그램. 이 세상에 사람만큼 무궁무진한 콘텐츠가 어디 있으랴! 한 사람의 인생보다 더 큰 휴먼 스토리가 어디 있으랴! 풀어 헤쳐도 나오고 또 나오는, 누에고치가 실을 뽑듯이 술술 뽑아져 나오는 사람의 이야기 말이다.

여유가 있다면 '인터뷰' 웹사이트를 운영해 보고 싶었다. 중앙 언론을 통해 유명해진 분들은 사절이다. 그들에게서만 배울 수 있는 것은 아니지 않은가? 모두가 '초기 값'인 세상, 너나 나나 서로에게 영향을 주는 그런 세상의 이야기를 꿈꿨다.

아니, 갓튜브(God-Tube) 세상이니 유튜브 채널을 개설할까? 라고도 생각했다. 채널 이름은 '갓뷰(God-View)'. 출연진은 마을에 사는 사람들, 보통 사람들이다. 그렇게 꿈만 꾸다가 나도 2021년부터 〈그누나TV〉라는 이름으로 유튜브 방송을 시작했다.

이 누나 저 누나 그누나가 아니라 '그냥 누구나'의 이야기의 줄임말인 그누나다. 특권층, 권력층의 이야기에서 벗어나 누구나의 이야기가 꽃

피는 세상을 꿈꾸며 만든 유튜브 채널이다. 일상의 소소한 이야기 + 쬐금 생각하기가 〈그누나TV〉의 콘셉트이다.

요즘에는 품위 있는 인터뷰 프로그램을 찾아보기 힘들다. 인터뷰라기보다는 토크 쇼(Talk Show)다. 쇼, 쇼, 쇼…. 한쪽에서는 보여준다. 다른쪽은 그저 그것을 본다. 생각하지 않고 그저 그것을 소비한다. 갈수록 쇼는 화려하고 매끈해진다. 시청자의 채널을 고정시키기 위해 온갖 인공감미료를 팍팍 친다.

유명 연예인들이 출연해서 첫 키스는 언제 했는지, 부부싸움 한 뒤 누가 먼저 사과하는지 시시콜콜한 이야기를 늘어놓고 시청자들은 그것을 쇼핑한다. 날이 갈수록 지루해진다. 매일 반복되는 일상적인 주제를 표면적으로만 다루기 때문이리라.

똑같은 일이 반복되는 일상이 가진 힘을 누가 모르랴마는 해도 너무한다. 좋다고 여기는 것도 정도껏 해야 진가가 발휘되는 것 아닌가. 이제는 그 가벼움에 지쳤다. 감각적이고 표피적인 자극을 주는 흥미 위주의 프로그램을 보면 쉽게 지루해진다. 또 다른 자극을 주는 새로운 포맷의 프로그램을 찾아 나선다.

대중에게 회자되는 게스트가 출연해서일까? 2012-2013년 MBC 방송에서 방영된 〈무릎팍 도사〉와 2011-2016년 SBS에서 방영된 〈힐링캠프〉

가 그나마 괜찮았다. 〈무릎팍 도사〉 방송을 처음 보았을 때 좀 놀랐다. 유명한 연예인뿐 아니라 사회적으로 영향력을 미치는 인사들이 자신이 해결해야 한다고 생각하는 '구체적인 질문'을 갖고 무릎팍 도사를 찾았다. '아니, 이런…. 오락 프로그램에서 상담까지 끌어다 쓰다니!' 물론 진행자가 게스트에게 던진 질문을 지극히 예능의 관점에서 풀어가긴 했지만 지루하지 않게 초대 손님의 철학과 생활사를 엿볼 수 있어 좋았다. 예능과 상담, 토크를 결합한 텔레비전 프로그램으로 개그맨 이영자 씨와 신동엽 씨가 진행하는 〈대국민 토크쇼 안녕하세요〉도 볼만했다. 이영자 씨가 초대 손님의 말을 끌어내는 능력이 놀랍다.

요즘 인기 있는 인터뷰 프로그램은 2018년부터 tvN에서 방영하는 〈유 퀴즈 온 더 블록〉이다. 내 취향은 아니다. 긴 것을 보기 힘들어하는 요즘 시청자들의 추세를 반영한 듯 먹기 좋게 편집한 지극히 '요즘'스러운 예능이다.

교육 워크숍은 학습자와 교수자, 학습자와 학습자 간에 '대화'로 이어가는 드라마다. 나와 다른 세계인 '너를 만나 공감하는 지금 여기'다. 지금 여기를 채우는 것은 공감, 너를 알고자 하는 무한한 호기심과 경청, 따뜻한 시선이다.

참여자들은 축구에서 선수들이 하는 짧은 패스인 '티키타카'처럼 서로 말을 주고받으며 자신의 기호와 가치, 근황, 성향, 역사를 내놓는다. 펼친다. 이렇게만 하면 밋밋하다. 한 방이 있어야 한다. 그 한 방은 바로 '질문하기'다.

질문, 평평한 곳에 볼륨 주기

대화에서 빠질 수 없는 것이 질문이다. 건축가 루이스 칸은 "좋은 질문은 가장 뛰어난 대답보다 훨씬 더 위대하다(a good question is greater than the most brilliant answer)"고 말했다. 평생 '답', 그것도 '정답(正答)'만을 찾는 교육에 길들여진 우리는 어떻게 질문해야 할지 모른다. 심지어 상대에게 질문하는 일을 예의에 어긋나는 것이라 생각한다.

내 수업에 참여한 학생들은 수업을 통해 질문의 중요성을 깨닫고 서로에게 질문하는 것을 훈련한다. 중·고등학교 시절 축구선수가 꿈이었던 친구가 부상을 당해 그 꿈을 접고 진로를 바꾸었다. 그 친구에게 묻는다. "어떻게 보면 팀 닥터는 축구선수에게 가려진 삶인데 그래도 괜찮은가?" 자기 인생의 목표와 계획을 탄탄하게 작성한 친구에게 묻는다. "똑소리 나게 잘 세운 목표와 계획이다. 계획이 탄탄한 만큼 변수가 생기면 어떻게 대처할지 궁금하다. 당황하지 않을까?" 헬스트레이너가 되려는 친구에게 묻는다. "사람에게 몸은 무엇인가?"

질문을 받은 학생은 생각한다. 축구선수가 되려는 이유는 무엇이었는가? 부상으로 인해 축구팀 닥터로 꿈을 전환한 것은 단지 축구선수를 할 수 없어서인가? 팀 닥터를 하면 나는 무엇이 좋지? 자기 인생의 목표와 계획을 튼튼하게 잘 세운 친구도 생각한다. 인생의 목표와 계획은 어떤 의미인가? 목표와 계획대로 다 살아지는 것은 아닌데, 그렇다면 목표와 계획은 왜 세우는 것일까? 헬스트레이너가 된 후, 피트니스센터를 세우려던 학생도 생각한다. 사람들은 왜 몸짱이 되려고 하는가? 몸은 우리 삶에서 얼마만큼 중요한가? 생각, 생각, 생각을 하게 된다. 질문에 답하면서 자기 인생을 그야말로 주관하게 된다.

동기 부여 강사이자 커뮤니케이션 컨설턴트인 도로시 리즈는 질문을, '여행할 때 지니고 가는 지도'로 비유한다. 질문의 힘을 이용한다면 스스로 인생을 주관하고 어떤 길을 택할지 결정할 수 있다고 말한다.[23]

대화할 때 서로에게 질문하면 답이 나온다, 정보를 얻는다. 상대에게 전화를 할 때 나의 첫 마디는 "지금 뭐 해?"다. 물론 친근한 사람에게 전화할 때 그리 말한다. 그러면 상대는 "지금 딸하고 어떤 이야기를 하는 중이었다, 방금 세탁기에서 빨래를 꺼내 널고 있는 중이다…." 미주알고 주알 자신이 방금 무엇을 했는지 말한다. 난 단지 지금 통화할 수 있는지를 알고 싶어서 물은 말인데 말이다. 그렇게 다 고해바치고서는 "아니, 내가 지금 언니한테 왜 이리 자세히 말하지?"라며 당황한다. 당연하지,

---

23) 도로시 리즈, 『질문의 7가지 힘』, 노혜숙 역, 더난출판, 2016.

내가 질문을 했으니까. 질문을 하면 답이 나오니까.

질문은 상대의 말에 귀를 기울이게 한다. 대답하려면 잘 들어야 한다. 따라서 질문은 학습자가 교육에 집중할 수 있게 하는 좋은 도구다. 뭘 묻는지 잘 들어야 이해할 수 있고 그다음 대답을 하기 위해 생각한다.

교육 워크숍에서 질문은 그동안 내가 보지 못한 것을 보게 하는 자극이다. 지적 희열을 느끼게 하는 촉매제이며, 마음의 문을 열게 하는 창문으로 세상과 다른 사람을 보는 나의 시선인 경계선을 허문다. 또한 인식의 지평을 확대하는 것으로 딱딱하게 굳어 있던 각자의 경험이 깨지면서 풀어헤쳐지고 교육현장에 색다른 에너지가 흐르게 만든다.

이 에너지는 매일매일이 똑같은 그날에 다른 색을 칠한다. 똑같은 과정이 되풀이되는, 무엇인가가 끝없이 나열되는 과정에 볼륨을 준다. 볼륨은 워크숍의 전 과정을 리듬감 있게 만든다. 잘 진행된 워크숍은 그야말로 예술이다. 내가 아는 선생님은 '질문-답'으로만 진행하는 야심찬 워크숍을 꿈꾼다.

내 안에 담긴 사연이 이야기로 풀리는 곳

경험이 풀어져 각자의 사연이 공간에 흐르면 참여자들의 몸은 유연해진다. 이제 춤출 준비가 된 것이다. 가벼워지고 부드러워져야 춤을 잘 출 수 있다. 쓰잘머리 없이 끌고 다니는 오래된 감정, 고이고이 간직하고 살아온 분노, 저 밑바닥에 남아 있는 슬픔, 나조차도 모르는 불안감…. 이 모든 것이 내 몸과 영혼에 찌든 때로 묻어 있다. 내가 내 이야기를 하면서 이 찌든 때가 떨어져 나간다.

우리가 서로에게 자신의 이야기를 할 때

우리가 서로에게 자신의 이야기를 할 때,
우리는 동시에
자신의 삶의 의미를 발견하고
고립과 외로움으로부터 치유된다.
이상하게 보일지 모르나,
자신을 아는 것은
자신을 드러내는 것으로부터 시작된다.

열린 마음과 가슴으로 듣는
신뢰할 만한 누군가에게
자신의 삶에 대해 말하는 것을 스스로 들으면서 비로소
우리 자신이 어떤 존재인지 깨닫게 된다.

– Sam Keen & Anne Valley-Fox, 『in your mythic journey』 중 일부

내 이야기, 사연을 타인에게 말하기 쉽지 않다. 그가 나를 어찌 생각할까 두렵다, '말해 뭐해?' 하는 생각도 있다. 신중하고 내성적인 성격일 경우 더 그렇다. 하지만 사람들은 누구나 다 할 말이 있다. 하고 싶은 말이 있다. 자신이 살아온 이야기를, 어떤 사건에 대한 견해를, 매 상황에서의 느낌을 남에게 알리고 싶어 한다. 표현하고 싶어 한다.

들어간 것(in put)이 있으면 무엇인가가 나와야 하는 것(out put)이 세상 만물의 이치다. 사과나무는 뿌리로 땅속의 물과 양분을 흡수하고 이파리로 햇빛과 바람을 받아 광합성작용을 해서 산소를 내뿜는다. 그리고 가을에는 빨간 사과를 우리에게 준다.

사람도 일상생활에서 보고, 듣고, 맛보고, 냄새 맡고, 피부에 와 닿은 것들이 있기 때문에 얼굴 표정으로, 몸짓으로, 말로, 글로 그것을 표현한다. 그러지 못하면 죽는다. 화병이 난다. 아무도 없는 곳이라도 가서 혼자 "임금님 귀는 당나귀" 하고 내뱉어야 살 수 있다.

들숨이 있으면 날숨이 있어야 하듯, 맛난 음식이건 맛이 없는 음식이건 먹으면 소화과정을 거쳐 땀으로, 똥으로 오줌으로 배설해야 한다. 그리고 에너지를 낸다. 자기 이야기를 하는 것, 자기 표현은 날숨이고 배설이며 에너지다. 아랫배에 신호가 와서 배설해야 하는데 화장실을 찾지 못하면 땀이 비 오듯 흐른다.

같은 공간에 있는 사람들을 편하게 믿고, 어깨에 들어간 힘 빼고, 숨을 들이쉬고 내쉴 때 워크숍은 춤이 된다. 이 대목에서 설마, 직접 몸을 움직여 춤춘다는 것으로 이해한 건 아니겠지?

아주 가끔 교육 워크숍에서 진짜 춤을 추기도 한다. 마음 열고 만나 서로의 이야기가 엮여 하나가 되었을 때나 다른 사람을 감시자로 보지 않게 되면 보여 주려고 하는 것이 아닌 진짜 춤을 추기도 한다. 마음을 열면 밖의 소리, 에너지에 나를 맞출 수 있게 된다. 그게 바로 춤이다.

다 춤춰야 하는 것은 아니다. 끝까지 구경하는 자로 있을 수도 있다. 난 그동안 교육 워크숍을 진행하며 적극적으로 참여하지 않는 구경꾼을 못 참아 했다. 이 또한 교수자의 강압적인 강요가 아니었을까. 격렬하게 흔들 수도 있고, 티 나지 않게 손가락을 움직일 수도 있건만. 자기 속도대로, 자기 모양대로 하면 된다. 중요한 건, 학습자들이 참여하고 있음을 느끼는 것.

4

↗ 교육 워크숍 키워드_넷. 학습자[24)

너의 목소리로 말해

나에게 기회가 온다면, 교과목, 텍스트, 매뉴얼 없이 맨몸으로 학습자
와 만나는 교육현장에 서고 싶다. 학습자와 합의한 주제만 있으면 된다.
교재나 매뉴얼 없이 함께 모인 이들의 '의지'와 '지향' 하나로 만나 각자
자신의 경험을 풀어내고 다시 매듭짓고 또 풀어내는 그런 환상적인 교육
말이다.

---

24) 학습자라는 단어가 생소한 분들이 많을 것이다. 이 책에서는 가르침을 받는 대상자의 의미인
피교육자라는 말보다는 스스로 알아서 배워가는 것을 강조하기 위해 교육 워크숍이나 수업
에 참여한 사람들을 학습자로 쓴다.

이 교육에선 각자가 살아온 인생, 자기 몸에 기록된 경험이 교재다. 열린 마음과 한 공간에 있는 다른 이들에 대한 섬세한 존중의 마음이 준비물이다. 양념 없는 재료 고유의 반찬으로 식사하는 자리. 돌아가신 권정생 선생님이 후배 시인에게 대접했다는 간장 한 종지 놓인 그런 밥상에 마주 앉아 찐한 이야기 풀어내는 교육현장을 꿈꿔 본다. 그런 자리를 위해 나는 교육현장에서 아래와 같은 소박한 실험을 한다.

너의 목소리로 말해

매 학기 첫 수업시간에 학생들을 만나면 내 수업에 관한 오리엔테이션을 한다. 학생들은 자신이 선택한 수업을 계속 들을 것인지 아닌지, 간을 보는 시간이다. 대형마트 식품관에서 시식하는 것과 같다. 수강신청 전에 미리 수업계획서를 보았거나 친구들에게 '수업 후기'를 들었을지라도 강의실에서 직접 확인하는 게 중요하다. 온라인 쇼핑몰에 올라온 상품이 멋져보여도 매장에 가서 직접 눈으로 보고 만져보는 것이 더 확실한 것처럼 말이다.

나는 학생들에게 수업의 목표와 진행 방식을 충분히 설명한다. 자기 자신을 탐색하고, 발견한 '나'를 표현하는 수업이므로 남들과 말을 섞기 힘든 학생은 수강을 고려해달라고 부탁한다. 수강이 확정되면 2차시에는 과제, 출석, 교재 등 수업을 어떻게 운영할지 것인지 학생들과 함께 약속을 한다. 그리고 나서도 수업을 진행하면서 어떤 문제가 발생하면 학생들의 의견을 물어 수업 운영 규칙을 새로 정한다. 최대한 학생들이 자기의 목소리로 말하도록 자극하고 격려한다.

한 학생이 수업을 여는 시에 대한 소감을 고등학교 수업시간에 배운 대로 말한다.[25] 그러면 나는 그의 언어를 끌어내기 위해 다시 부탁한다. "너의 목소리로 다시 말해볼래? 다른 사람들이 그렇다고 하는 거 말고 이 시를 읽고 네가 느낀 것을 말하면 좋겠다."

고등학교 시절 국어 교과서, 시(詩)가 있는 페이지는 여러 가지 색으로 찬란했다. 빨강, 파랑색 필기도구를 사용해 시에 나온 비유법과 의미를 잔뜩 썼다. 시험에 나올 만한 것이 자신의 언어가 되었고 우리 모두는 경주마처럼 오직 대학을 향해 달렸다. 달리는 '그 길'에서 이탈하면 탈락이다. 탈락하지 않으려고 기를 쓰고 달린 너와 나는 모두 자기의 언어를 잊어버렸다.

나도 그랬다. 달리는 그 길에서 낙오되지 않으려고 기를 쓰고 달렸다. 전역한 군인들이 한동안 다시 군대에 가는 끔찍한 꿈을 꾸듯, 나는 고등학교를 졸업한 후에도 오래도록 시험 치는 꿈을 꿨다. 꿈속에서 치르는

---

25) 나는 매주 수업 시작을 학생들이 열게 한다. 라디오 음악프로그램 진행자가 멋진 말로 프로그램을 열듯, 학생들은 매주 자신들이 좋아하는 시를 낭송한 후 다른 학생들과 함께 소감을 나누며 하루 수업을 시작한다.

시험은 늘 시간이 모자랐다. 성적이 가장 부진했던 수학 시험 시간에 진땀 빼는 그런 꿈을 꾸곤 했다.

나는 수업시간에 매번 학생들이 자신의 목소리로 말하는 훈련을 한다. 수업 과정에서 느낀 점이나 배운 것, 알게 된 것을 수업에 참석한 학생들이 모두 말하는 것이다. 그들에게 이런 문장을 준다.

"나는 오늘 수업에서 ＿＿＿를 느꼈다. 나는 오늘 수업에서 ＿＿＿을 알았다(배웠다). 나는 오늘 수업에서 ＿＿＿을 새로 알았다."

"오늘 배운 게 뭐지?"가 아니다. '나'가 주어다. 나를 주어로 말한다. 그러면 자신의 경험에 접속되면서 자기의 언어로 말하게 된다. 정답, 혹은 모범답안을 말하는 것에 훈련된 학생들은 힘들어 한다. 일반적인 말, 평이한 단어로 말한다. "나는 오늘 수업에서 리더십이 무엇인지 알았다, 나는 오늘 수업에서 영향력을 미치는 방법을 알았다"고 말한다. 그러면 나는 그 학생에게 다시 묻는다. "리더십이 어떻다는 걸 알았어?"라고.

제도교육에 덜 훈련된 아이들은 솔직하다. 아직은 자기의 언어가 살아 있다. 부모와 자녀가 함께하는 가족캠프에서 소감 나누기를 하는데 한 초등학생이 "나는 이번 워크숍에서 ○○ 라면이 ＊＊ 라면보다 맛있다는 걸 알았다"고 말해서 그 자리에 함께 있었던 우리 모두 소리 내어 웃었다. 그동안 집에서 * * 라면만 먹다가 숙박으로 진행한 워크숍에서 ○ ○ 라면을 먹어 본 것이다. 어느 성인 학습자 워크숍에서는 "나는 오늘 강사의 눈 밑에 있는 장난기를 보았다."라는 말을 들었다. '어, 이분들이 언제 그걸 본 거지? 섬세한데….'

'나는'이라고 말하면 내 목소리, 나의 말이 나온다. '나'를 주어로 말하면 힘이 생긴다. '나는'이라고 소리내기 시작하면서 우리는 각 개별자인 자기의 경험에 접속하게 된다. 그 경험에서 나온 말은 죽어 있는 개념어가 아니라 살아 있는 생생한 나의 말이다. 섀드 헴스테터는 말한다. "다른 사람들에게 '나는'을 진술하라. '나는'은 우주에서 가장 강력한 창조력을 지닌 진술이다. '나는'이란 말 다음에 네가 생각하는 것이 무엇이든, 그 말 다음에 네가 말하는 것이 무엇이든, '나는'은 그 체험들에 시동을 걸고, 그 체험들을 불러내며, 그 체험들을 네게 가져다준다."[26]

교육 워크숍에 적극적으로 참여하지 않고 구경꾼으로 있는 참여자들도 있다. 자기 입으로 말하지 않고 그냥 앉아만 있는 학습자들이다. 그때 그들이 교육현장에서 받은 자극은 무의식으로 떨어진다. 학습자가 자기의 느낌과 생각을 말하지 않았더라도 교육현장에서 보고, 듣고, 냄새 맡은 모든 자극은 그의 몸의 피가 되어 느낌으로 이어질 것이다.

---

26) 섀드 헴스테터, 『Self Talking』, 에코비즈, 2004.

우리 몸의 피는 무의식과 같다. 무의식이 있어야 내가 의식하지 못하는 것에서 일어나는 일의 신비함, 경이로움을 느끼지 않겠는가? 무의식을 발견한 프로이드와 융에게 감사드린다. 특히 바다와 같은 집단 무의식의 영적 세계를 일러준 융에게는 더욱 감사하다.

의식은 재미없다. 건조하다. 하지만 사람들이 각자 자기 이야기를 하면서, 다른 이의 경험을 들으면서 교류하고 공감하는 기쁨을 누릴 수 있다. 대화는 의식을 갖춘 인간임을 확인하는 주체적인 행위로 우리 몸의 근육과 뼈를 튼튼하게 만드는 일이다.

경험이야 말로 내게 가장 권위 있는 것

인생이 어찌 직진만 있으랴. 나는 수업시간에 계획한 것만 하지 않고 종종 샛길로 들어간다. 산다는 건, 우연의 연속이다. 여행의 신선한 맛이 샛길에 있듯 학습자와 만나 상호작용하는 수업에서도 마찬가지다. 샛길로 들어섬은 주로 학생들의 입에서 나오는 말로 시작된다. 샛길 이야기가 나온 김에 나도 '샛길'로 한번 들어가 보자.

나는 정해진 일정에 따라 관광하는 패키지여행보다 내가 스스로 계획을 짜서 돌아다니는 자유여행, 배낭여행을 더 좋아한다. 단체로 가는 패키지여행은 학교 수업같이 지루하다. 여럿이 몰려다니며 같은 식당에서 밥 먹고, 똑같은 것을 똑같은 지점에서 본다. 자유시간이 없고 역동적인 드라마도 없다. 하지만 자유여행에는 감동과 드라마가 있다.

2018년 겨울에 걸은 스페인 산티아고 순례길은 한 편의 드라마였다. 내가 주인공이다. 발단부터 전개, 절정, 마무리까지 다 내가 했다. 자유여행은 곧게 뻗은 고속도로가 아닌, 국도로 가는 여행이나 나 홀로 걸어가는 샛길이다.

우리에겐 샛길이 필요하다. 샛길을 허락해야 한다. 샛길은 자동차, 기차로 갈 수 없는 길이다. 오직 인간의 발로만 갈 수 있다. 샛길을 걷다 보면 예상치 않은 것들을 만날 수 있다. 오직 목표만을 따라 쭉 뻗은 고속도로를 달리는 인간들은 잘 모르는 맛이 그 길, 샛길에 있다.

나는 샛길이 좋다. 그 길은 자연적이고 은밀하다. 문명화되기 전 인간은 샛길로 다녔다. 자기가 다니고 싶은 대로 걸었다. 그러다 편리하고 쉬운 길, 많은 사람들이 빨리 갈 수 있는 길이 생겼다.

초등학교 때 내가 살았던 시골 동네에 신작로라는 것이 생겼다. 사람들이 걸어 다니는 길이었는데 어느 날 자동차가 다니는 길을 닦은 거다. 자동차가 주인이 되었다. 사람들이 다 그 길로 다니기 시작했다. 자동차가 다니는 곧게 뻗은 길이 생기면서 우리가 걸었던 샛길은 하나둘 사라졌다. 어쩌면 기술문명은 샛길이며 인간 각 개인의 개성을 말살하는 것 아닐까?

다시, 샛길로 들어서기 전 지점으로 가보자. 나는 주로 학생들의 입에서 나오는 말을 낚아채 질문을 던져 그들의 경험을 풀어내게 한다. 어느 날 한 학생이 수업을 여는 시로 도종환 시인의 「흔들리며 피는 꽃」을 읽었다.

흔들리지 않고 피는 꽃이 어디 있으랴
이 세상 그 어떤 아름다운 꽃들도
다 흔들리며 피었나니
흔들리면서 줄기를 곧게 세웠나니
…(후략)

– 도종환, 「흔들리며 피는 꽃」 중 일부

맞아, 다 흔들리지. 흔들리지 않으면, 살아 있는 게 아니지. 이걸 낚아채서 질문을 만들었다. "나는 흔들리면서 어떻게 줄기를 세웠는가?" 이리 물으니 학생들이 자신의 방황하던 시절을 떠올리며 찐한 이야기를 풀어낸다. 부모님의 눈물과 뒷모습을 보며 회개했다는(?) 이야기, 영화나 드라마에 나오는 그런 스토리가 나온다.

그동안 우리는 자신의 경험에 접속하는 법을 모르고 살았다. 접속했더라도 그것을 밖으로 꺼내놓을 자신이 없었다. 그러니 사전에 나오는 단어, 구체성이 죽은 개념어만 말하고 살았겠지. 각자 자신의 경험에 접속해서 그것을 말할 때 주어를 '나는'이라고 말하게 된다.

　나도 그랬던 것 같다. 구체적이지 않은 일반적인 말, 일상에서 막 길어 올린 말이 아닌 교과서에 나오는 개념어를 말하고 살았다. 어떤 것에 대한 내 느낌과 견해를 말하기 힘들었다. 그래서는 안 되는 줄 알았다. 칼 로저스는 『진정한 사람되기』[27]에서 말한다.

　"나에게 경험은 가장 강력한 권위를 가지고 있다. 정당성에 대한 시금석은 내 자신의 경험이다."

(　　　)는 힘이 세다

　(　)는 열린 시스템이다. 누구나 (　) 안에 자기가 원하는 말을 넣을 수 있다. 테레사 수녀는 "모든 것은 기도에서 시작된다."고 했지만, 나는 모든 것은 '듣는 것'에서 시작한다고 감히 주장한다. '그건 니 생각이지?'

　예~썰. 지금 제 생각 말하는 거 아닌가요?

　(　)는 권위와 획일, 표준에서 탈출해 내 마음대로 꿈꿀 수 있는 공간이다. 지식이든, 재산이든 그 어떤 것이든 사회에서 권위 있는 사람의 말은 고정이다, 붙박이다, 정답이다. 하지만 그 말에 (　)를 친 후 (　) 안의 말

---

27) 칼 로저스, 『진정한 사람되기』, 학지사, 2009.

을 지우고 각자에게 그 명제를 열어두면 판도라 상자가 열린 것처럼 그 빈 공간인 ( ) 안에 들어갈 말들이 마구 튀어나온다.

말의 사전적 정의가 그 빛을 잃어가는 세상에 아직도 많은 사람들이 판에 박힌 개념 정의가 있다는 생각을 벗어나지 못하고 정답을 찾는다. 그래도 문화는 세태를 빨리 읽는가 보다. 2012-2013년까지 KBS에서 방영한 〈개그콘서트〉의 한 코너인 '현대 레알 사전'은 우리가 일상에서 쓰는 단어에 대해 사전적 정의가 아닌 평민들(?) 개개인의 다양한 해석을 내와 탈권위적 해석이 어떤 것인지 알려주었다.

이를테면 이런 거다. 크리스마스의 사전적 정의는 '예수 그리스도의 탄생을 기념하는 축일, 성탄절'이다. 하지만 모든 사람들에게 크리스마스가 그런 의미인 것은 아니다.

여자 친구가 있는 남자에게 크리스마스는 예수님 생일선물을 여자 친구에게 주는 날, 남자 친구가 있는 여자에게 크리스마스는 예수님이 만들어준 또 다른 내 생일, 솔로 남자에게 크리스마스는 여자 꼬시러 술집에 가서 "야, 남자친구 없는 애들은 다 이유가 있구나." 하며 지들끼리 밤새 술 마시는 날, 솔로 여자에게 크리스마스는 지들끼리 방 잡아 파자마 입고 "니들이 있어 외롭지 않아." 하면서 울리지도 않는 핸드폰 들여다보는 날, 군인들에겐 초코파이 두 개 먹는 날…. 입장과 처지에 따라 다 다르다.

누구나의 해석이 만개한 세상이다. 갓튜브(GodTube)라 불리는 유튜브 방송이 이리 활개를 치는 것도 각자의 해석이 중요해졌기 때문 아닐까? 2006년 〈타임지(TIME)〉가 선정한 올해의 인물은 오바마, 간디, 아인슈타인 같은 위인이 아닌, YOU다. 당신과 나 같은 평민이다.

경전(經典), 텍스트에서 배워야 함을 무시하는 것은 아니다. 경전과 텍스트가 원래 태어난 곳인 고향을 잃어버리고 딱딱하게 굳어졌다. 이제 우리의 배움은 현장, 일상, 삶터를 다시 찾아야 하기에, 나는 수업시간에 지나치게 교재와 매뉴얼에 기대지 않고 그 어떤 명제와 이론의 권위를 주장하지 않고 학생들이 각자 ( )에 각자 넣을 말들을 쏟아내게 한다.

( )는 가르침과 배움의 과정에도 적용된다. 내가 안 지식과 지금 수행하는 방법에 ( )를 치는 것이다. 언제든 다른 것이 들어갈 수 있다. 전에는 학생들을 가르칠 때 내가 말하는 지식이 정확한 것인지 아닌지 매우 긴장했다. 나는 틀리면 안 되는 사람이었던 것이다. 내가 틀렸다는 것을 지적당하는 순간 나의 권위가 실추된다고 생각했다. 내가 적용한 수업 방식에 이의를 제기하면 겉으로는 웃지만 속으로는 당황했을 때도 있다. 그러나 권위의 거죽을 벗어버린 후에는 흔쾌하게 수용한다. 학생들의 문제 제기가 자극이 되어 내가 그동안 보지 못했던 것을 알게 되는 기쁨을 누린다.

수업 운영 방식에 대한 학생들의 의견 개진을 통해 한 수 배운 일이 있었다. 발표를 하는 수업이었다. 총 15주 차의 수업 중에서 2회는 시험으로 빠진다. 13회차 수업 가운데 9회는 자기 탐색을 하는 시간을 갖는다. 남은 4회에 걸쳐 학생들은 '나를 프레젠테이션한다'는 주제로 그동안 수업시간에 탐색하고 발견한 자기 자신에 대해 발표하고 다른 학생들로부터 피드백을 받는 수업이다.

발표를 들은 학생들이 발표자에게 질문과 피드백을 잘 하도록 유도하기 위해 나는 발표자인 학생이 자기에게 자극이 된 질문을 한 학생을 지목하면 그 학생에게 점수를 주는 방식으로 운영했다.

이렇게 수업을 운영하면서 찜찜하지 않았던 것은 아니다. '이게 과연 교육적인가? 점수를 주는 거래적인 방식으로 동기 유발을 해도 되나?' 하는 의문을 갖고 있었다. 몇 년간은 별일이 없었다. 그러던 어느 날 수업을 마친 후, 의젓한 한 학생이 내게 문제를 제기한다.

"교수님, 좋은 질문을 한 학생에게 점수를 준다니까 긴장이 되어 질문을 못 하겠어요. 그냥 질문하도록 하면 안 될까요?" 기특하고 기뻤다. 이미 학생들과 평가 방식에 대해 약속을 했기에 내 마음대로 수정할 수는 없었다.

다음 수업시간에 이 학생이 제기한 문제를 갖고 진지하게 토의했다. 프레젠테이션이 한 번 끝난 후라 이미 질문 점수를 받은 학생들과 아닌 학생들 사이에 이해관계가 갈렸다. 하지만 지혜롭게 마무리했다. 이미 받은 점수는 인정하고 다음 수업부터는 질문 점수를 없애기로 했다.

학생들이 훌륭해 보이면서 가슴이 뭉클했다. 고집을 버리고 나의 견해와 방식에 (   )를 치니, 세상이 살아 숨 쉰다. 나는 앙드레 지드가 『지상의 양식(Les Nourritires Terrestres)』에서 한 이 말을 품고 산다. "공부는 내 몸의 역사와 생활 탓에 생긴 덫을 제어하고 몰아내는 끈질긴 노력에 바탕을 둔다. 나는 이것을 오래전부터 '지우면서 배우기(learning by way unlearning)라고 불러왔다."[28]

모든 것은 (   )에서 시작한다

테레사 수녀의 책 『모든 것은 기도에서 시작합니다』를 가끔 꺼내보았다. 의미심장한 제목이다. 하나, 둘, 천 개, 만 개, 억만 개도 아닌, 모든 것의 시작이라니…. 테레사 수녀는 모든 것의 시작을 기도라 했지만, 나는 '듣는 것'에 더 꽂혔다. 들으니 알게 되고, 들으니 느낌이 일어나고 그러니 말하고 행동하게 되는 것 아니던가.

무엇 때문에 촉발된 것인지는 기억이 잘 안 난다. 수업시간에 학생이 어떤 말인가를 해서 갑자기 '모든 것은 기도에서 시작됩니다.'라는 테레

---

28) 앙드레 지드, 『지상의 양식(Les Nourritires Terrestres)』, 민음사, 2007.

사 수녀의 책 제목이 떠올랐다. 그 책 제목 중 '기도'에 ( )를 친 후, 즉 기도라는 말을 빼고 학생들에게 그 문장을 제시했다. '모든 것은 ( )에서 시작됩니다.' 이 문장의 ( )에 어떤 말을 넣고 싶은지 곰곰이 생각해 본 뒤 말하라고 하니 대단한 말들이 튀어나온다.

모든 것은 ( ) 에서 시작된다

¤ 모든 것은 (점)에서 시작된다

인간도 어머니의 자궁에서 점으로 시작된 것이고, 글자도 선이 있기 전에 점이 있었고, 음악도 악보 위에 하나의 점으로 표현이 되고, 우주도 대폭발이 있기 전에 점이었기 때문에 모든 것은 점에서 시작된다고 생각한다.

¤ 모든 것은 (인연)에서 시작된다.

인연의 인은 한자로 因(인하다)이다. 뜻은 '말미암아 이어지다.' 즉, 원인을 말한다. 친구를 만날 때도, 연인을 만날 때도, 하다못해 직장을 고를 때도 그 어느 때나 우리는 선택을 하고 그를 통해 해당 대상과 관계를 이어나가며 살아간다. 세상에 원인이 없는 결과는 없다. 우리는 마음에 들지 않는 결과들을 수정하기도 하고 아예 재설정하기도 한다. 하지만 원인 자체를 바꿀 수는 없다. 그러니 계속 살아가야 할 수밖에 없다면 선택을 후회하기보다는 최선을 다해 내가 원했던 결과를 만들어 가도록 노력하고 집중하는 것이 아닐까?

▷ 모든 것은 (배고픔)에서 시작된다.

배가 고파 허기를 채우려면 빵이라도 찾아 움직일 것이고, 빵이 없으면 빵을 사러 동네 빵집이라도 찾아가겠죠. 빵집에서 빵을 살 돈이 없다면 돈을 벌기 위해 일이라도 할 것이고, 결국 그 돈으로 빵을 사 먹게 될 것입니다. 결국 모든 우리의 행동은 배고프기 때문에, 허기를 채우기 위해 '배고픔'에서 시작된다고 생각합니다.

▷ 모든 것은 (광합성)에서 시작된다.

지구에 식물이 먼저 생기며 인류까지 진화되었는데 식물이 광합성을 하지 않았다면 지금의 우리가 없었을 것이다.

이것 외에도 (   ) 안에 들어갈 말로 무지(를 아는 것), 생각, 호기심, 욕구, 기회, 관심, 화목한 가정, 건강, 과거, 행동, 고민, 선택…. 다양한 의견이 나왔다. 위에서 학생들이 말한 것을 더 풀어내면 꽤 묵직한 책 한 권이 되겠다.

_____라 쓰고, _____라 읽는다

아주 더운 여름날이었다. 나는 답답한 일상을 벗어나 탈출하고 싶었다. 새로운 자극을 받고 싶었다. 대학 시절 기차여행이 생각났다. 아날로그적인 정서가 그리웠던 거다. 1980년대를 살았던 우리들은 청량리에서 기차를 타고 근처 대성리, 가평, 샛터 등으로 MT를 갔다. 기차에선 기타 치고 노래도 했다. 계란과 술, 안주, 과자를 파는 사람이 의자 양 옆 좁은 복도를 지나다녔다. 하여간 기차여행이 그리워 서울역으로 갔다.

난 당시 거기 서울역에서 참신한 광고 간판을 보았다. 지금이야 뭐 별 거 아니지만 당시 내겐 아주 참신한 광고 카피였다. "철도라고 쓰고 환경이라 읽습니다." 와~우, 브라보! 한국철도공사를 홍보하는 거였다. '철도'라 썼는데 '철도'라고 읽지 않고 환경으로 읽는다. '철도'라는 글자 안에 있는 의미를 캐낸 것이다. 자가용을 이용하지 않고 기차를 타면 환경오염을 줄일 수 있다는 말이다.

철도를 다음 백과 어학사전에서 찾아보니 "침목과 철제 시설로 궤도를 구성한 후 그 위로 차량을 이용하여 사람이나 물건을 운송하는 육상 운송 기관·철길·철로"라고 나온다. 이제 우리는 어떤 것의 사전적인 개념 정의와 그것의 구성 요소, 기능을 아는 것보다 그것이 나에게, 우리에게 어떤 의미를 갖는지가 중요해진 사회에 산다. '관점'이 중요한 시대를 사는 것이다.

'우리'를 규정해주었던 '면'이 해체되고 점으로 산산이 흩어졌다. 하나하나로 흩어진 개인의 '관점'이 중요해진 것이다. '그건 니 생각이고'라고 장기하 씨가 노래하는 이유를 알겠다. '주관성'의 시대다. 그러니 철도라고 쓰고 환경이라고 읽지. 그래, 너(한국철도공사)는 그리 읽었지만, 50대 중년 여성인 나는, 철도라고 쓰고 설렘이라 읽는다. 철도라고 쓰고 추억이라 읽는다. 철도라고 쓰고 1일 생활권이라 읽는다.

어디, 철도만 다르게 읽을까? 이제부터 모든 것을 다르게 읽어볼 수 있겠다. 나는 학교 수업이나 교육 워크숍에서 그날의 교육 주제에 관해 브레인스토밍을 할 때, '___라 쓰고 ___라 읽는다'를 많이 활용했다. 어떤 학습자가 '청렴이라 쓰고 양치질이라 읽는다.'고 말한다. 무슨 뜻이냐고 물으니 우리가 매일매일 양치질을 해야 하듯, 청렴도 매일 되새기고 습관이 되어야 한다고 말한다. 어떤 것이든 자기 의미화가 되지 않으면 빛이 바랜다.

↗ 교육 워크숍 키워드_다섯, 공간

공간(空間)으로 기억한다

공간(空間)에서 사람을 만난다. 요즘은 가상공간(Cyber Space)에서의 만남이 더 흔하니 다른 사람들을 직접 만날 수 있는 기회가 많이 줄었다. 하지만 내 몸이 거(居)하는 곳, 내 손으로 만지는 실제의 공간이 주는 질감이 따로 있다. 눈으로 직접 보고 코로 냄새 맡는 공간이 그리워진다. 그곳에서 직접 얼굴과 얼굴을 맞대고 앉은 사람들과의 만남이 더 소중하게 느껴진다. 교육 워크숍은 그런 만남이 가능하다. 가상공간과 달리 교육 워크숍은 참가자들이 '시간'과 '공간'을 함께하기에 공간의 매력을 충분히 살릴 수 있다.

공간으로 기억한다

차를 운전하다가 어느 지점을 지날 때면, 그 장소에 살던 사람, 그 주위에서 벌어진 일이 떠오른다. 그 길을 가다 보면 돌아가신 아버지, 일찍 죽은 친한 동생이 자동적으로 떠오른다. 공간은 앨범 속 사진처럼 추억을 담고 있다.

공간은 그 안에 있는 사람들에게 영향을 미친다. 철학자 강신주는 그의 저서 『상처받지 않을 권리』에서 공간이 단순히 우리가 살아가는 물리적 배경만이 아니라고 말한다. 거대한 자연적 공간뿐 아니라 공간을 분할하여 만든 건축물과 같은 인위적인 공간이 인간을 길들여서 그에 맞는 인간형을 만들어내는 힘이 있다고 말한다.[29] 인간형에 영향을 미치는 공간의 지배력, 타당한 지적이다. 사람들의 얼굴이 다르듯 공간마다 자아내는 분위기 또한 다르다. 공간의 그 기운, 분위기에 따라 안에 있는 사람들의 기분이 달라지기도 한다.

프랑스 파리의 마들렌 성당(Eglise de la madeleine)은 나의 의식과 감각을 온통 내 몸에 집중하게 한 공간이었다. 프랑스 파리에서의 일이다. 그 유명하다는 개선문을 보고 화려한 상젤리제 거리를 걸었다. 베네통,

---

29) 강신주, 『상처받지 않을 권리』, 프로네시스, 2012.

루비똥. 무슨 놈의 똥이 그리 많은지. 실컷 눈요기를 하고 콩코르드 광장에 도착해 사진을 찍은 뒤 휘황찬란한 보석상들을 구경하며 마들렌 성당으로 갔다. 외양부터가 성당 같지 않았다. 그리스의 파르테논 신전을 보는 것 같았다. 샤크레쾨르 성당과 더불어 파리에서 가장 특이한 건물이란다.

성당 안으로 들어가니 이상한 기분에 휩싸인다. 보통의 성당에서 느끼는 경건함을 넘어선 엄숙함이 느껴진다. 다른 성당과 달리 양 벽면에 창이 없고 천장에만 3개의 창이 있다. 어둡고 가라앉은 공간 분위기에서 나는 철저히 혼자됨, 두려움을 느꼈다. 나의 의식과 느낌이 밖으로 나가지 않고 온통 내 몸으로 집중된다. 그때 그 공간에서의 느낌은 아직도 내 피 속에 새겨진 것 같다.

프랑스 롱샹 성당(The Chapel of Notre Dame Haut in Ronchamp)에서는 빛의 소리, 빛의 메시지를 들었다. 르 코르뷔지에가 건축한 이 건물은 전기를 사용하지 않고 두꺼운 건물 벽에 난 수십 개의 창문을 통해 채광을 한다.

성당 내부 뒤편에는 정갈하며 소박한 기도실이 있다. 벽면은 곡선으로 된 노출 콘크리트로 되어 있고 높은 천장에서 빛이 쏟아진다. 어머니의 자궁 속 같기도 한 그곳에 빛이 내려온다. 나는 이곳에서 태초의 빛이 내게 쏟아지는 신비한 영적 체험을 했다.

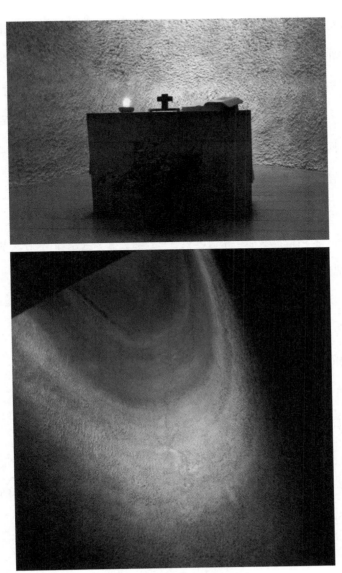

프랑스 시골 마을에 있는 롱샹 성당.
내부 뒤편에 있는 작은 기도실,
쏟아지는 빛, 태초의 빛의 소리를 체험한 공간.

종교인이 아니었던 사람이 이 성당을 다녀온 이후에는 종교인이 되고, 건축에 문외한인 사람도 건축예술에 감탄하게 된다고 말하는 롱샹 성당을 보면서 나는 공간도 말을 한다는 것을 알았다. 르 코르뷔지에는 이 성당을 침묵과 기도와 평화와 내적 기쁨의 장소로 만들고 싶었다고 말했다. 책과 영화만 메시지를 전하는 것이 아니라 공간도 말을 한다. 우리도 교육 공간에 철학과 가치, 메시지를 담아야 하지 않을까?

교육 워크숍을 21세기의 중요한 키워드인 '상호작용'에 초점을 맞추어 정의한다면 이와 같다.

교육 기획자, 진행자(교수자), 참가자(학습자)가 만나
설정(계획)된 주제와 목표를 중심으로
여러 가지 구조화된 활동을 함께하면서
공감하고, 소통하며 의미를 재구성하는 것

교육 공간이 그곳에 있는 사람들에게 미치는 영향력을 알고, 매번의 교육 콘셉트에 맞추어 공간의 분위기를 만들어 가면 좋겠다.

기억에 남을 공간을 위해 세심하게 살펴야 한다

교육 워크숍이 진행되는 공간을 잘 살펴야 한다. 칙센트미하이는 저서 『몰입의 즐거움』에서 우리가 어떤 활동을 하느냐, 누구와 함께 있느냐 못지않게 '어디에 있느냐'는 것도 경험의 질에 영향을 미친다고 말한다. 10대 청소년들은 어른의 간섭이 미치지 않는 공원 같은 장소에 있을 때 가장 편안해하고 학교나 교회처럼 남들의 기대에 맞추어 행동해야 하는 곳에서는 답답해한다는 것이다.[30]

교육 워크숍이 열리는 공간도 마찬가지다. 교육 참여자들은 그 공간 안에서 만나는 다른 참여자들과 새로운 관계를 맺어가는 과정에서 외부의 규칙에 따라야 하고, 타인에게 시선을 돌려야 하는 등, 혼자 있을 때보다는 많은 스트레스를 받는다. 따라서 최대한 자유롭고 부드러운 분위기로 교육 참여자들을 맞이하는 것이 좋다.

우리는 지나온 그 옛날의 어떤 장면을 무엇으로 기억할까? 냄새, 향기, 벽에 걸려 있었던 그림, 달력, 광장에 있던 조각품, 그리고 그곳에 있었던 사람들이다. 이미지, 냄새, 맛, 그가 했던 말과 표정, 그때의 기분으로 그 시절을 기억한다. 내가 다녔던 대학을 생각하면 막걸리집이 떠오른

---

30) 미하이 칙센트미하이, 『몰입의 즐거움』, 해냄출판사, 2009.

다. 퀴퀴한 냄새와 풍경이 아직도 생생하다.

교육 공간도 참여자들의 기억에 남도록 준비해야 한다. '왜 이렇게 지루하고 답답할까?' 알아보니 답답한 공기 때문이다. 참여자 수에 비해 턱없이 좁은 공간 때문이다. 여기저기 얼룩이 있는 지저분한 책상, 오랫동안 앉아 있기 힘든 불편한 의자 때문이다. 이때 참여자들은 존중받지 못한다고 느낀다. 그를 존중한다면 그와 내가 함께 있을 공간부터 정성껏 살피는 것이 좋다.

공간의 크기도 중요하다. 공간에 들어선 참여자 수가 적절하면 좋다. 어느 정도가 적절한가? 일단, 참여자들이 앉아 있는, 그들이 점유한 공간 이외에 여유 공간이 충분하면 좋다. 이 여유 공간은 쉬는 시간에 학습자들이 지나다니거나 함께한 이들과 사적인 담화를 나누는 공간으로 말 그대로 여유를 준다. 여유 공간이 비좁으면 학습자들이 불편하다. 어느 순간 잠재되었던 팽팽한 긴장이 폭발하기도 한다. 콩나물시루의 콩나물처럼 빽빽하게 앉아서 견디는 것, 참기 힘들다.

책상과 의자가 놓인 공간을 점유 공간이라 하고 그 밖의 공간을 여유 공간이라 할 때, 내 경험상 1:3의 비율 정도가 좋았다. 여유 공간이 지나치게 넓을 때, 참여자들의 몰입을 유도하기 어렵다. 교육장의 형태는 교수자를 중심으로 보았을 때 세로로 긴 것보다는 가로로 긴 것이 낫다. 교수자는 끊임없이 학습자와 눈 맞춤을 하고 학습자의 기운을 살펴야 하는데 시선이 세로로 길게 갈 때, 저 멀리 있는 학습자의 표정을 읽기 어렵다.

나는 되도록 교육현장에 일찍 도착한다. 교육 공간에 대한 점검 때문이다. 미리 이것저것 당부해도 직접 가서 눈으로 보면 '이건, 아닌데…' 하는 경우가 많다. 교육장이라기보다는 창고같이 여기저기 책상과 의자가 쌓여 있는 경우도 있었다. 강사와 학습자, 그리고 빔 프로젝트만 있으면 교육이 된다고 생각하는 사람들이 있다. 세심하게 신경 쓴 교육현장에 들어서면 기분이 좋아진다. 대접받고 있다는 느낌이 든다. 책상에 놓은 화분 하나, 벽에 걸린 멋들어진 시(詩) 한 수가 그 공간을 풍요롭게 만든다.

　교육 참여자들은 자신들의 몸과 얼굴에 여러 가지를 담고서 교육 공간에 들어온다. 교육에 대한 기대, 집이나 사무실에 두고 온 일거리, 방금 전 동료와 다투고 온 것 때문에 찜찜한 기분, 존재 저 밑바닥에 있는 자신도 알지 못하는 열망, 욕망, 두려움…. 그들을 존재 그 자체로, 온전히 맞이하기 위해 교육 워크숍 준비물도 꼼꼼하게 준비해야 한다.

　다른 사람에게 무엇인가를 줄 때는 감동적이며 간직할 만한 것을 주는 것이 좋겠다. 지하철역 출구로 나올 때 계단 위에서 받는 광고지처럼 받자마자 버리고 싶은 것이 아니라 그 당시를 추억하며 나중에 다시 볼 수 있는, 그런 것을 받으면 기쁘다.

　아이를 임신한 엄마와 아빠는 아이가 태어날 날을 기다리며 이것저것 준비한다. 배냇저고리, 기저귀, 기저귀 가방, 젖병, 젖꼭지, 이불, 베개. 새 생명을 맞이하기 위해 얼마나 흥분된 마음으로 그것을 준비했던가?

명찰, 간식, 교재, 파일 등 학습자들을 위한 준비물을 이 세상에 태어나는 생명을 맞이하는 마음으로 정성껏 준비하면 좋겠다. 최상의 것으로. 비용을 생각하지 않을 수 없다. 가격으로 경쟁할 수 없으면 시간과 공을 들여야 한다.

장시간 교육을 하다 보면 아무리 참여식 교육이라도 피곤해진다. 말하고, 듣고, 쓰고, 생각하고, 또 집중해야 하고…. 배가 고파진다. 쉬는 시간에 정성스럽게 준비해준 간식을 먹는 것도 워크숍의 즐거움 중 하나다. 간식이라고 하면 과자 몇 종류와 오렌지 주스, 커피 믹스, 팩으로 된 둥굴레차, 녹차 정도다. 어디 가나 볼 수 있는 것이다. 간식 하나도 감동을 줄 수 있는 것으로 준비하면 어떨까?

많은 사람들이 교육을 강사의 강연이나 진행자의 워크숍 진행 능력으로만 생각하는데, 그렇지 않다. 간식이나 교육 준비물, 교육현장의 분위기 등 부차적인 것이라고 생각했던 것들이 사실은 교육 성과에 중요한 영향을 미친다.

오래 전에 교육 워크숍을 준비하면서 '교육 참가자들이 기대하지 못한 것으로 무엇을 줄까?'를 고민했다. 1박 2일 장시간 교육 받는 사람들을 위해 비타민C 레모나를 준비했다. 그것이 얼마나 효과를 보았는가보다도 그것을 생각해냈다는 마음이 참 기특하다. 간식도 프로그램이다. 간식 준비 하나에도 참여자를 바라보는 철학과 존중의 마음이 담겨 있다.

2019년 (사)더불어사람에서 주관한 〈셀프 리더십 워크숍〉.
평택흥사단에서 간식 세팅한 테이블에 정성이 보인다.
페트병에 담긴 음료수가 아니다. 종이컵도 없다. 야호! 신선한 과일에 견과류까지.

마음의 공간, 쉼이 있어야 배움이 완성된다

마음의 공간도 있다. 마음의 공간은 입 밖으로 내지 않은 나의 말, 즉 내 사유가 일어나는 곳이다. 일단 하던 일을 멈추고 가만히, 조용히 있는 시간이다. 학습자들은 교육활동 중에 자기에게 들어온 각종 자극을 소화할 시간이 필요하다. 교육 중 생긴 의문을 되새겨 보고, 아직도 남아 있는 감정을 자세히 들여다볼 시간이 주어지면 좋겠다.

육체가 쇠락해져 간신히 걷고, 인지적인 능력도 많이 떨어진 엄마가 주간보호센터를 다니셨다. 혼자서 집에만 있는 게 지루했는지 처음에는 좋아하셨는데, 얼마 지나지 않아 힘들어하신다. 집에만 들어오시면 피곤해서 곧바로 주무신다. 거기도 학교였던 것이다.

가끔 엄마를 뵈려고 주간보호센터를 방문하면 20명 이상의 노인들이 스트레칭을 하거나 노래를 한다. 늘 뭔가를 하고 계셨다. 다 필요한 활동이었으리라. 그런데 쉼이 부족했던 것이다. 긴장 풀고 그냥 혼자서 있는 시간.

학교에서도 50분 수업하고 10분 쉰다. 사실 10분이라는 휴식시간은 짧다. 담배피우는 사람은 허겁지겁 피워야 하고, 배설의 욕구를 참았던 사람은 겨우 화장실 갔다 올 시간의 짬이다. 휴식시간을 10분간 주는 관행이 어찌 만들어졌는지는 모르지만(아마도 교육학자들이 연령별로 몰입할 수 있는 시간을 분석해서 만들어졌을 듯) 이건 학습자들을 일괄적으로 편리하게 통제하는 관행이다.

우리가 누군가를 통제할 때 쉽게 하는 것이 그들을 '시간' 속에 가두는 것이다. 군대, 학교, 감옥이 그렇다. 영화 〈쇼생크 탈출〉에서 레드는 가석방되어 감옥 밖으로 나와 살게 되는데, 세상에 적응하는 게 만만치 않다. 슈퍼마켓 계산대에서 일하던 레드가 일하는 도중 지점장에게 화장실 갔다 와도 되냐고 묻는 장면이 인상적이다. 먹는 것, 잠자는 것, 화장실 가는 것 등 생리적인 모든 욕구마저도 통제받는 것이 감옥, 군대, 그리고 학교가 아닐까?

근대식 공장처럼 한곳에 모아놓은 후 지시하고 통제하고 가르치는 이런 시스템에 조금씩 변화가 일어나고는 있다. 어떤 초등학교에서는 학생들에게 20분의 쉬는 시간을 줘서 맘껏 뛰어놀게 한다. 그 시간을 학생 각자가 자유롭게 쓰도록 하지 않고 운동장에 나가 줄넘기나 운동을 하게 한 것이 좀 아쉽기는 했지만, 그래도 학생들은 교실보다는 운동장이 더 좋다.

글을 쓸 때도 마음의 공간, 쉼이 필요하다. 글이라는 게 쉼 없이 계속 써지는 게 아니다. 글 쓰는 행위를 잠시 접고 쉴 시간이 필요하다. 배움, 창의적인 사고, 성찰적인 사유는 쉴 때 일어난다. 그것은 주름 속에 숨겨져 있기에 잠시 쉬고 머무를 때, 그 주름이 펴진다.

쉼은 바다다. 육지와 섬은 바다에 떠 있다. 사람들은 바다의 가치를 간과하는 것 같다. 무궁무진한 무의식의 창고이며 육지와 섬을 존재하게 밑받침해주는 바다, 쉼이 홀대당하고 있다.

교육 의뢰자들이 내게 알려주는 교육 소요 시간에는 휴식시간이 없는 경우가 많다. 의자에 앉아서 서로 말하고, 듣고, 말하고, 듣고, 발표한다. 쉬지 않고 뭘 많이 해야 교육 효과가 있고 강사도 열심히 한다고 생각한다. 중간에 쉬는 시간을 좀 길게 주게 될 경우 나도 가끔 그들의 눈치를 본다. 아이구야, 이를 어쩌나…. 여백 없는 형체가 어디 있으랴. 쉼, 여백은 밖이다. 밖이 있어야 숨을 쉰다. 밖의 공기가 안을 상쾌하게 만든다.

여백이 있어야 그림이 완성되듯, 바다가 있어야 섬이 살 수 있듯, 마음의 공간, 쉼이 있어야 배움이 완성된다. 진정한 프로는 '쉴' 때를 안다. 노래를 하거나 춤을 추거나 무엇을 하든지 내 지르고, 쭉쭉 뻗는 것만이 능사가 아니다.

어느 평론가는 말한다. 춤의 귀재 마이클 잭슨은 춤의 본질이 움직임이 아니라 멈춤에 있음을 알고 있는 사람이라고. 어느 지점에선가 잠시 머무를 때, 작품의 완성도가 높아진다. 결국은 '리듬'인 거네. 리듬은 완급을 조절하면서 생긴다. 움직임을 멈출 때 빛난다.

너와 나 사이의 공간

앞서 이야기한 것이 물리적 공간과 시간에 관한 것이었다면 이제는 사람과 사람 사이의 관계다. '사이'는 관계다. 人間, 時間, 空間. 세 글자 다 사이를 뜻하는 '間'이 들어간다. 교육 워크숍을 운영할 때 교수자와 학습자의 사이 거리, 학습자들 사이의 거리에 민감해야 한다. 물리적 거리뿐 아니라, 마음의 거리까지 고려해야 한다.

같은 교육장에 있어도 좋아하는 사람 옆에 앉고 싶어 하는 걸 보면 마음의 거리와 물리적 거리가 전혀 상관이 없는 것이 아니다. 우리는 너무 멀지도 않고, 그렇다고 착 달라붙지도 않는 적당한 거리를 원한다. 그 적당한 거리가 얼마일까?

문화인류학자 에드워드 홀(Edward T. Hall)은 사람 사이의 공간적 거리를 4가지로 말한다. 46센티미터 이내의 거리는 밀접 거리(intimate distance)로 서로 쓰다듬을 수도 있는 거리다. 1.2미터 이내의 거리는 개체 거리(personal distance)로 상대의 체취를 느낄 수 있는 친밀감의 거리다. 서로의 체취를 맡으며 그 냄새를 수용하는 일은 친해지지 않으면 어렵다. 다른 사람에게는 역겨운 냄새도 좋아하는 관계에선 별 문제 없어 보인다. 나는 개체 거리를 잘 허용하지 않는다. 개체 거리에서 대화하던 사람이 갑자기 내게 가까이 다가오면 뒤로 한 발 물러난다.

1.2~9미터의 거리는 사회 거리(social distance)로 사무적인 상호
작용이 이루어지는 거리이며 9미터 이상의 거리는 공적 거리(public
distance)로 공연자와 관객처럼 관찰자로 지켜보는 거리다. 수백 명이 참
석한 대형 강당에서 강의할 때, 강사와 교수자는 9미터 이상의 공적 거리
를 유지하며, 나같이 소집단 워크숍을 진행하는 교수자는 학습자와 사회
거리(1.2~9미터)를 두고 만난다.

교수자는 워크숍을 진행하면서 학습자들 각각이 어느 정도 '사이'를 두
고 싶어 하는지 잘 파악해야 한다. 자기가 감동했다고 상대의 의사를 물
어보지 않고 덥석 포옹하는 것은 다른 사람에 대한 예의가 아니다. '접촉'
은 사랑의 중요한 표현 방법이긴 하나 내가 좋은 걸, 상대도 좋아한다고
단정하면 곤란하다. 학습자들 사이의 물리적 거리뿐 아니라 마음의 거
리도 살피는 게 좋다. 어느 정도 마음의 거리를 두고 싶어 하는지는 얼굴
표정에 다 나타난다. 이 마음의 거리는 학습자들 사이보다 교수자와 학
습자 사이에서 더 고려해야 한다.

많은 교수자들이 목표한 것, 계획한 것을 다 풀어야 하고 학습자들을
어디론가 끌고 가야 한다고 여기기에 학습자가 원하지 않는데 과도하게
밀어붙이는 경우가 있다. 나도 종종 그랬다. 예쁜 옷이니까 입어보고, 맛
난 거니까 먹어보라고 자꾸 자식에게 말하는 부모처럼 하지 않았는지 반
성하며 칼릴 지브란의 시 한 구절로 마친다.

함께 있되 거리를 두라

그래서 하늘 바람이 너희 사이에서 춤추게 하라

…(중략)…

함께 서 있으라

그러나 너무 가까이 서 있지는 말라

사원의 기둥들도 서로 떨어져 있고

참나무와 삼나무는 서로의 그늘 속에선 자랄 수 없다.[31]

사이, '틈'이 있어야 숨 쉰다, 자란다, 산다.

---

31) 칼릴 지브란, 『예언자』(The Prophet), 무소의 뿔, 2018.

6

강의를 하고 싶다면[32]

배운 게 도둑질이라서 '강의'라는 방식으로'밖에' 가르칠 수 없다면 이 사람처럼 하면 되겠다. 나는 지금껏 수도 없이 많은 강의를 기획해 유명 강사를 초빙하기도 했고, 이것저것 강의를 많이 들어보았지만 김용옥 교수만큼 설득력 있고, 영감을 주는 강의를 본 적이 없다.

몇 년 전 유튜브를 통해 김용옥 교수가 2011년 한신대학교에서 진행한

---

32) 유튜브를 통해 도올 김용옥 교수의 〈중용〉과 〈도마복음〉 강의를 듣고 그의 책을 읽으며 공부하면서 나의 세계관을 많이 점검했다. 강의에 대해 회의적이었던 내가 강의도 가르침의 한 방식일 수 있겠다는 생각을 하게 되었다. 단 강의를 들은 후, 기록하고 책을 보고 사유하는 시간을 가지며 자기 것으로 씹어 먹을 때 그렇다.

강의 〈중용―인간의 맛〉과 〈도마복음〉 강의를 들었다. 주로 걷거나 운전할 때 들었는데 길을 걷다가 폭소를 터뜨린 적이 여러 번이다. 김용옥 교수의 강의를 들으며 강의는 어떻게 하는 것인지 생각해본다.

하나, 살아 있는 말이 재료다

그의 강의는 살아 있는 말이 재료다. 아무리 실력 있는 요리사라도 재료가 시들시들하면 음식 맛이 안 난다. 음식은 신선한 재료가 제일이다. 그는 화석화된 말, 무미건조한 말이 아닌 펄떡이는 살아 있는 말로 강의한다.

김용옥 교수가 강의에서 하는 말은 지금 여기, 현재, 실상(實像)의 말이다. 막 잡아 올린 생선처럼 펄떡여 지루할 틈이 없다. 그가 일상에서 끌어낸 소소한 에피소드는 재미를 더하는 양념이다.

그의 강의에 자극받아 떠오르는 생각을 적으려고 주머니에 메모지와 펜을 넣어 다닌다. 운전 중에는 차를 세울 수 없어 잽싸게 팔뚝에 휘갈겨 쓴다. 어디에 한 번 빠지면 다른 이들에게 전달하고 싶어 하는 성격인지라 이 사람, 저 사람에게 알려줘 같이 듣기도 했는데 그에 대해 편견을 갖고 있는 분들에게 외면당해 실망하기도 했다. 학자치고는 대중에게 워낙 노출이 많이 되신 분이라 대중매체를 통해 그의 철학과 사상을 한 조각이라도 소비한 사람들이 많다. 유명 연예인 수준으로 국민 대중에게 널리 알려진 분이라 그런지 그에 대한 호불호가 확실하다.

둘, 온몸으로 강의한다

그는 입만 놀리는 것이 아니라 머리, 손, 발, 온몸을 다 사용한다. EBS
에서 방영한 〈중용─인간의 맛〉 강의(유튜브에서 그의 강의를 여러 개 들
어보았는데 이때가 그의 눈빛이 가장 살아 있어 보인다. 이 당시 그의 눈
에서는 레이저가 나왔다)에서 그는 나비처럼 날아 벌처럼 쏜다. 흰 두루
마기를 입고 왼손에는 교재를 오른손에는 백묵을 들고 좌우로, 앞뒤로
왔다 갔다 하며 강의하는 그의 몸은 연기를 한다.

연단에 조용히 서서 오직 입에서 나오는 말로만 강의하는 사람들과 달
리 온갖 제스처로 자신이 하는 말을 보충한다. '〈중용〉 강의 3강'에서 천
명(天命)을 설명하기 위해 자신이 집에서 키우는 닭 이야기를 한다. 알에
서 깨어난 닭이 48시간 안에 생존 능력을 갖추어 땅을 파고 입에 뭐가 붙
어 있으면 발을 들어 입가에 묻은 것을 툭툭 턴다는 말을 하며 직접 시범
을 보이는데 이건, 뭐 코미디를 보는 것도 아닌데…. 하여간 재미있다.

'〈중용〉 강의 29강' 대효(大孝) 편에서는 당신이 집에서 키우던 닭, 봉
혜가 알을 품었다가 그 알에서 병아리가 깨어나는 과정을 설명하기 위해
병아리 울음소리를 흉내 낸다. 그 모습을 본 나는, 진짜 병아리가 알에서
깨어나는 줄 알았다.

인생이란 '하학이상달(下學而上達), 등고자비(登高自卑)'의 과정이라는 것을 설명하며 산 아래 있을 때는 보이는 범위가 좁지만 정상에 올라섰을 때 사통팔달 다 보인다고 말하면서 실감나게 직접 빙빙 돈다. 그것도 몇 바퀴나 돈다.

그의 강의는 빨려 들어가지 않을 수 없는 연설이다. 현혹된다. 물론 그래서 위험할 수도 있겠다. 연설은 짧은 시간 안에 그의 말을 듣는 사람이 자기를 옹호하고 지지하게 만드는 말하기다. 강의도 어떤 주제에 대해 자기가 이해한 바를 듣는 이에게 설명해서 설득해간다는 면에서 연설과 비슷한 문법이다. 연설이 감성에 호소하며 선동한다면, 강의는 논리적으로 설득해간다.

셋, 그는 앵무새처럼 따라 하지 않는다

말해야 할 것을 자기 머릿속에 미리 정해놓은 후, 녹음기 틀어놓은 것처럼 말하는 강사들이 있다. 김용옥 교수는 자기가 아는 걸 말한다. 아마도 이 경지에 이른 교수자는 그리 많지 않을 것이다. 워낙 박학다식하기에 어디를 찔러도 툭툭 튀어 나온다. 그러나 보통의 전문가, 교수자들은 자기 영역·전문 분야가 따로 있어 그것만 말하고 청자는 그가 말한 것에 대해서만 물어야 한다. 그것이 예의다.

자기가 알지 못하는 걸 말하는 사람들이 있다. 나도 한때는 그랬다. 이해가 안 가는 것을 달달 외운 후 다른 이에게 말했다. 그러나 지금은 이해된 것, 씹어 먹은 것만 말하려고 한다. 이해되지 않은 개념이나 명제, 이론을 말하고 나면 허무하다.

지금이야 지식과 정보에 접근하기가 쉽지만 전문가 · 지식인과 일반 대중의 경계가 뚜렷했던 시절엔 사회에서 지식인 · 전문가로 위촉된 일군의 집단이 있었고 이들이 자기도 모르는 것을 말하는 경우도 꽤 있었다.

자기가 모르는 것을 말하는 사람은 하수, 아는 것을 말하는 사람은 고수다. 다음은 전달법인데 쉬운 내용을 어렵게 말하는 사람은 하수, 어려운 내용을 쉽게 전달하는 교수자는 고수다. 여기서 핵심은 그 주제, 영역에 대한 교수자의 이해 정도다. 진정 이해했다면 쉽게 말할 수 있어야 한다.

넷, 자기 자신이 겪은 경험을 이야기한다

김용옥 교수는 〈중용〉 강의에서 평생을 청빈하게 일단사 일표음(一簞食 一瓢飮)하며 공자를 보필한 제자 안회의 사례를 이야기하며 자기가 살아온 경험을 풀어낸다. 자신이 대학 시절 학교 앞에서 하숙할 때, 도배를 직접 하고 연탄불을 때었던 이야기를 한다.

중용 강의에서 '어약우연(鳶飛魚躍)'을 설명하며 어느 날 아침 호수에서 잉어가 쏟아지는 햇살을 받으며 물 위로 뛰어오르는 것을 보았을 때 생명의 약동을 느꼈다고 힘주어 말한다.

그는 강의에서 주제와 관련된 자신의 경험 사례를 자주 이야기하는데 그의 강의를 다 들으면 좋아하는 연예인의 사생활을 아는 만큼 웬만한 건 다 알게 된다. 옆집 아저씨같이 친숙해진다. 친숙해진다는 것은 학습자가 교수자의 말을 받아들이는 데 강점이다.

강의 중 강사의 사생활, 경험과 관련된 에피소드는 샛길이다. 쭉 뻗은 고속도로로 가기 원하는 사람들은 그의 강의가 산만하다고 지적한다. 주제와 관련 없는 것을 많이 말하며 자기 자랑을 심하게 한다고 비판하지만 그 정도야 애교로 봐줄 수 있는 것 아닐까? 아니, 뭐 그 정도 많이 공부했고, 그 정도로 제대로 배웠으면 자기 자랑 좀 해도 되는 것 아닐까?

다섯, 학습자가 듣고 있는 줄을 안다

김용옥 교수는 강의할 때, 학생들이 자기 말을 듣고 있는 줄 알고 있으며, 그것을 즐긴다. 이리 말하면 "아니, 학습자가 듣고 있는 줄 모르는 강사도 있어?"라고 물을지 모르지만, 내가 경험한 많은 강사들은 학습자가 잘 듣는지, 아닌지 모르고 주야장천 자기가 해야 할 말만 한다.

일방적으로 자기 말만 하는 것이 본인도 쉽지는 않을 터인데, 참 대단한 능력이다. 직업적인 강사라면, 아마도 같은 말을 수백 번, 수천 번도 더 했을지 모르는데 놀라운 인내심을 가진 분들이다. 똑같은 말을 토씨 하나 안 틀리고 여기저기 다니면서 말하는 강사들도 꽤 있다.

전국 곳곳 지자체에서 유명 강사를 모셔 대규모 강좌를 많이 개설한다. 유튜브에 업로드된 그 강사의 강의를 대형 화면에 틀어 놓아도 될 터인데, 직접 그 강사를 부르는 이유는 뭘까? 유명인을 직접 눈앞에서 보고 싶어 하는 대중들의 마음에 응답하고자 하는 것이란다.

김용옥 교수는 자기의 메시지, 이론을 강의 방식으로 가르치기는 하나, 학습자의 눈치를 살펴 가며 말한다. EBS 〈중용―인간의 맛〉 27강 '등고자비(登高自卑)' 강의에서는, 안중근 의사가 이토 히로부미를 저격한 사건에 대해 아주 긴장감 있고 디테일하게 설명하는데 이야기 도중 학생들과의 일체감을 느꼈는지 "어, 이놈들이 이런 건 잘 듣네."라며 웃는다. 그의 웃는 모습이 천진난만해 보여 나도 따라 웃었다.

안중근 의사에 관한 에피소드는 그날의 강의 주제와 관련한 내용이었다. 하지만 역시나 샛길로 빠진다. 샛길의 시작은 강의 주제인 안중근 의사의 유묵 "등고자비 행원자이(登高自卑 行遠自邇)"에 관한 것이었는데 안중근 의사의 가정환경, 독립운동 시절의 국내 상황으로 계속 뻗어가다가 안중근 의사가 이토 히로부미를 암살한 이야기까지 간다.

1909년 10월 26일 오전 9시, 하얼빈역에서 이토 히로부미를 벨기에제

7연발 브라우닝 권총으로 쏘는 장면에서는 듣는 사람도 함께 긴장한다. 그는 그 장면을 자신이 직접 본 사람인 것처럼 이야기한다.

여섯, 자기가 깨달은 것을 말한다

김용옥 교수는 대학 시절, 김영탁 선생의 〈중용〉 강의 시간에 지성무식 (至誠無息)을 배우며 감동에 벅차 눈물을 흘린다. 성(誠)론이 진행되면서 『중용』의 저자인 자사(공자의 손자)의 표현에 감동을 받아 수업시간에 눈물을 줄줄 흘렸단다.

자연을 의인화해서 지성무식을 표현한 것이 살아 있는 위대한 인간의 지극한 것을 보는 것 같아서 눈물이 하염없이 쏟아졌단다. 지성무식을 설명하면서 자신이 깨달은 바를 온몸으로 설명하는데 나도 울컥했다.

'재화악이불중 진하해이불예(載華嶽而不重 振河海而不洩: 큰 산인 화악을 싣고도 무거운 줄을 모르고 바다를 안고도 새지 않으며)'. 땅이 만물을 싣고서도 무거운 줄을 모르고 그 거대한 바다를 품에 안고 있으면서도 한 방울도 새지 않는 천지대자연의 지성무식한 성(誠)을 그는 어린 시절 조카를 등에 업었을 때의 그 느낌으로 말한다. 조카보다 그리 나이가 많지 않은 나이였던 그가 조카를 업었는데 하나도 무겁지 않았다는 거다. 땅이 만물을 싣고서도 무거운 줄을 모르는 것처럼.

'재화악이불중 진하해이불예(載華嶽而不重 振河海而不洩)' 이것을 도대체 무엇으로 설명하랴? 백 마디, 천 마디 말보다 더 직관적인 그의 표현에 경탄한다. 저 거대한 인수봉을 업고도 이 대지가 무거운 줄을 모르는 것을 그는 몸으로, 감성으로 깨달은 거다.

일곱, 비유를 잘한다

그는 〈도마복음〉 강의에서 육신과 영혼의 관계를 막걸리로 비유하는데(〈도마복음〉 강의 39강, '술에 취하여 목마름을 모르는 자') 기가 막힌다. 영혼과 육체의 관계를 병렬적으로 보거나(몸과 영혼이 따로 있다는) 육체를 영혼이 기거하는 집으로 생각하며 평생을 살아온 나는 이원적인 세계관을 극복하기가 참 힘들었다. 지금도 내 몸 구석구석에는 그 찌꺼기가 남아 있다.

말로는 "몸과 마음을 따로 말하면 안 된다. 우리 마음은 심장에 있지 않고 우리 몸 전체에, 뇌에 있다"고 떠들었다. "이제는 '몸과 마음'이라 표현하지 말고 '뫔'이라 하자"고도 말했다. 말은 그리 했어도 플라톤 이후로 우리를 강력하게 지배하는 공기와도 같은 이원론적 세계관에서 벗어나는 게 쉽지 않았다.

나의 유전자에까지 새겨진 그 어마무시한 이원론을 어찌 걷어내겠는가? 그런데 그의 '막걸리' 비유를 듣자 머리가 확 깨는 기분이었다. 핵심을 짚는다는 것이 이런 거구나 하는 감탄이 절로 나온다.

고대 희랍인들이 마셨던 술인 키케온은 포도주, 치즈가루, 보리미숫가루를 혼합해서 발효시킨 것으로 우리나라 막걸리와 비슷한 걸쭉한 술이란다. 이 술을 그냥 놔두면 막걸리를 그냥 놔둘 때 침전물과 청주로 분리되는 것처럼 분리되는데 이러한 상태는 술이 아니라는 것이다. 그것을 휘저어서 하나가 되었을 때 맛이 제대로 나고 술이 살아 있는 상태가 된다.

이 술이 침전되어 분리되면 영혼과 육체가 분리되어 따로 노는 것과 같다. 휘저어져 섞여 있을 때에만 술이다. 아! 나는 몸 따로, 정신 따로 살았구나. 숨만 쉬고 살았지 그동안 얼마나 많이 죽어 있었던 것인가?

김용옥 교수는 소소한 일상에서 비유를 따와 철학적 원리와 개념을 설명한다. 선과 악이 원래부터 구분되고 정해진 것이 아니란 것을 말하기 위해 청소하는 행위로 비유한다. 그는 매일 자신의 방을 청소한다. 빗자루로 방을 쓸어 먼지를 쓰레받기에 담아 마당에 버리는데, 쓰레받기에 담긴 그것이 방에 있을 때는 먼지였지만 밖에 나가니 아무것도 아니란 거다.

여덟, 그는 입고 있는 옷도 메시지다

동양철학자인 그는 늘 한복 두루마기를 입고 강의한다. 1982년 고려대학교에 교수로 부임할 당시부터 그랬다. 자신의 철학, 자기가 하는 일과 일치되도록 자기의 시각적 이미지를 만든 것이다. 그에겐 말뿐 아니라 옷도 메시지인 것이다. 옷은 확장된 자아다. 20세기 최고의 이미지 메이커인 간디처럼 그도 옷의 상징성으로 말한다.

장인들을 홀대하는 우리 사회를 비판하며 기능인들을 대우해주기 바라는 마음에서 장인이 직접 만들어준 옷을 입고 등장한다(32강, 곤지). 메시지를 말에만 담지 않고 온몸으로 전달할 줄 아는 사람이다.

드라마에 등장하는 홍보물인 PPL(Product Placement)과 무엇이 다르냐고 물으신다면? 음…, 드라마에 등장하는 PPL은 그 제품을 만든 회사로부터 대가성 돈을 받고 노골적으로 홍보하는 것이고 김용옥 교수는 '가치'를 전달하는 것이라 말하고 싶다.

아홉, 가지가지 한다

그는 열성적으로 설명만 하는 게 아니라 강의시간에 노래도 하고 구호도 외친다. 강의에서 배운 개념을 학생들이 잘 기억하도록 학습자와 함께 구호로 외친다. 〈중용〉 강의 23강, '어약우연' 편에서는 연못에서 햇빛을 받으며 튀어 오르는 잉어의 약동하는 생명력에 대해 설명하다가 비슷한 느낌을 받은 곡이라며 미국의 재즈 가수 빌리 홀리데이(Billie Holiday)의 〈Summer Time〉을 부른다.

〈중용〉 강의 24강의 내용을 축약한 곡이라 하며 스스로 작사한 노래 〈나 홀로 간다〉도 직접 부른다.

높은 곳도 낮은 데서 먼 곳도 가까운 데서
그 길을 나 홀로 간다. 그 길을 나 홀로 간다.
저 시중의 푸름은 천지의 길
솔개는 하늘을 찌르고 잉어는 연못을 뛴다.
높은 곳도 낮은 데서 먼 곳도 가까운 데서
그 길을 나 홀로 간다. 그 길을 나 홀로 간다.

약간 찬송가풍이라 식상하긴 한데 노학자의 진심과 열정이 물씬 다가온다. 교수님! 만수무강 하세요.

7

↗ 교육 워크숍 키워드_일곱, 교수자와 학습자의 관계

함께 가는 사람, 동행지식(同行智識)³³⁾

사람을 만나고 싶다. 나보다 나를 더 잘 아는 사람. 아니, 내가 몰랐던 나를 보는 그런 사람을 만나고 싶다. 내 안에 꿈틀거리는 것을 보는 사람, 내 바닥에서 요동치는 그 무엇을 건드려주는 사람을 보고 싶다. 그래서 내가 가고자 하는 곳으로 나를 이끌어 주는 사람, 그런 사람을 만나고

---

33) 한준상 교수는 동행과 지식이 인류의 생존을 위한 슬기이며 진화의 모태였다고 말한다. 인류의 시조들은 나 홀로, 때로는 더불어 걸었다. 힘 센 동물들의 먹잇감에서 벗어나기 위해 함께 걸었으며 자신보다 힘이 약한 동물을 먹잇감으로 취하기 위해 서로 꾀(슬기)를 냈다. 즉 동행은 지식의 과정이었다(한준상, 『생의 過』, 학지사, 2013). 동행지식의 '지'에 대한 한자를 두고 智(지혜 지)가 아니라 知(알 지)가 아니냐는 분들이 계시는데, 그는 지식정보사회에서 단순한 정보쪼가리인 지식을 넘어선 슬기와 지혜(智慧)를 말하고자 동행지식(同行智識)이라고 쓴다.

싶다.

　내가 기운이 흘러넘쳐 정신없이 여기저기 쫓아다닐 때 잠시 멈추게 해 생각할 수 있게 하는 사람을 보고 싶다. 한참을 이야기하고 난 후 내 가슴이 뿌듯해지는 사람, 그런 사람과 이야기하고 싶다. 그런 사람이 어디 있냐고? 가르친다고 하는 교수자들이 바로 그런 사람이어야 하지 않을까?

촉진자, 자기 자신의 문으로 인도하는 자

　처음 이 책을 기획했을 당시에는 촉진자라는 말이 널리 쓰이지 않았다. 요즘은 여기저기서 촉진자(퍼실리테이터) 과정이라는 것을 운영하다 보니 촉진자라는 말이 진부해 보인다. 어떤 의미를 지닌 말이 대중화되면 애초의 그 의미가 퇴색되기도 한다. 언어는 사회화되면서 그 의미를 계속해서 획득해간다.

　배움 우선ㆍ학습자 중심의 참여식 교육에서 진행자, 교수자를 촉진자로 부르기도 한다. 정해진 답(答)이 밖에 있는 것이 아니라 학습자, 참여자 각자에게 그 답이 있으니 교육 진행자는 단지 그것을 건드려 학습자 스스로 그 답을 찾을 수 있게 한다는 의미다.

　교육 워크숍에서 촉진자는 참여자들에게 이런저런 길이 있다는 것을 알려주는 안내자이며, 일어서기 힘들어 하는 참여자들이 일어설 수 있도록 힘을 보태주는 도우미다. 칼릴 지브란이 말했다. "훌륭한 스승은 우리를 그가 가진 지식의 문이 아닌 우리 자신의 문으로 인도한다"고. 심리상담가 칼 로저스도 말했다. 모든 배움은 자기 발견적 학습이라고.

교육 워크숍에서의 진행자는 농부가 농작물을 가꾸듯 학습자들을 촉진시킨다. 자라는 것은 그들이다. 참여자, 학습자다. 그런데 이 '촉진'이 힘들다. 한참 진행하다 보면 어느새 내가 이들을 어디론가 끌고 간다. 여러 가지 촉진 기법을 써서 나에게 몰입시켜 내 의도대로 이끌어 간다.

나는 '배운다는 것'과 '가르치는 것'에 대해 『갈매기의 꿈(Jonathan Livingston Seaggull)』의 저자인 리처드 바크가 준 통찰을 가슴에 새기며 산다. 나의 교육철학이다. 아주 오래전 〈좋은 생각〉이라는 잡지가 연초에 나눠준 좋은 달력에서 이 글을 발견한 후 여기저기 많이 전파하고 다녔다.

"배운다는 것은 당신이 이미 알고 있는 것을 찾아내는 것이다. 행한다는 것은 당신이 알고 있음을 증명하는 것이다. 가르친다는 것은 다른 사람에게 그들도 당신만큼 알고 있다는 사실을 일깨워주는 것이다. 당신은 배우는 자이며 행하는 자이며 가르치는 자이다."

이상적인 세상을 꿈꾸던 나는 늘 내 밖의 세계를 조절하고 통제하는 데 익숙했다. 주변 사람들을 설득하고 독려해서 이끌고 나가야 한다고 생각하며 살았다. 교육 워크숍에서도 마찬가지였다. 쉴 새 없이 질문하고, 작업(과제)을 주고, 발표를 시킨다.

교육 워크숍이 진행되는 그라운드가 열기로 휩싸인다. 특히나 외향적인 성격에 튀는 것을 좋아하고 자기표현을 잘하는 학습자들이 많을 때는 어렵지 않게 이런 분위기를 만들 수 있다. 워크숍이 끝날 때 많은 사람이 충만한 표정으로 만족감을 표시한다. 난 그때, 내가 잘하는 것인 줄 알았다. 그러나 집으로 돌아올 때 2% 부족한 것 같은, 찝찝한 기분이 들었던 것은 왜일까?

그들과 함께 걸어야 한다

내성적인 성격인 분들이 참여한 워크숍을 진행하는데 반응이 시원치 않다. 교육에 참가한 모든 사람들이 다 웃어야 하는 것은 아니다. 그들은 웃지 않을 자유가 있어야 한다. 역동적인 분위기를 만들어야 한다는 나의 강박이 혹 웃고 싶지 않은 사람에게 강요로 비치지 않았는지 반성한다. 말하고 싶지 않을 때는 말하지 않아도 되는데 세련되게 포장한 부드러운 말로 그들에게 강요하지 않았는지 나 스스로에게 질문해 본다.

교육 워크숍에서 교수자는 마이크를 손에 쥐고 미리 준비한 프로그램을 갖고 학습자들을 만나기에, 이미 권력자다. 이 사실을 교수자가 스스로 인식할 때, 겸손한 마음으로 학습자들을 만날 수 있다. 교육 참여자가 스스로 답을 찾도록 기다릴 줄 알며 그들이 자기의 체험에 접속하도록 자신이 가르치려고 미리 준비한 것을 잠시 내려놓을 수 있다. 교육적 행위는 경마장에서 달리는 경주마가 아니며 목표한 그곳을 향해서 정해진 길로만 달려야 하는 것은 아니기 때문이다.

교수자가 가르침-배움의 현장에서 참여자들을 잘 촉진하려면 그들과 함께 걸어야 한다. 학습자와 교수자가 서 있는 지형이 평평해야 뒤뚱거리지 않고 함께 걸을 수 있다. 교수자 앞의 책상을 강단이라는 곳, 저 높은 곳에 놓는 것이 아니라 학습자 · 참여자들의 책상과 수평이 되게 만들고 교육 워크숍 시작부터 마칠 때까지 그들과 함께 호흡해야 촉진할 수 있다.

가끔, 공공기관에서 주관하는 교육이나 회의에 참석해서 사회자 · 진행자 · 강사 앞에 놓인 책상(책상이라기보다는 연단? 튼튼한 나무로 제작된 가슴 높이까지 오는 가구)을 보면 낯설다. 거리감이 생긴다. 참석자들에게는 가릴 것이 없는데 본인들은 가슴까지 가리는 큰 연단 앞에 서서 근엄하게 말한다. 이건, 뭐 소통하겠다는 게 아니라 그냥 하달, 지시하겠다는 그런 포맷(세팅)이다. 그러면 나는 그들에게 말하고 싶어진다. "그냥, 이리로 와서 우리와 함께 이야기해요."라고.

촉진자라고 말하면서 자꾸 가르치려고 한다. 이 세상 누구나 가르치면서 배우는 자다. 특히 교수자라는 직업을 가진 이는 늘 배울 수 있어야 한다. 가르침의 현장 속에서 배우고, 가르치기 위해 준비하는 과정에서 배우며 가르치고 난 후에도 배워야 한다.

배움은 다른 사람, 외부 세계와의 관계에서 스스로 영향을 받겠다는 자세를 말한다. 누군가에게 영향력을 행사하기 위해서는 타자가 내게 주는 영향력을 허락해야 한다. 그러기 위해서는 자기 자신을 열어야 한다. 창문을 활짝 열어 내 안의 묵은 것, 찌든 것을 밖으로 내보내고 시원한 공기를 받아들여야 한다.

수용(受容). 왜 받아들여야 할까? 그래야 산다. 우리 몸이 그렇게 만들어졌고 그렇게 운용된다. 우리 몸은 열린 체계, 열린 생명적 시스템이다. 눈, 코, 입, 귀, 피부를 통해 끊임없이 외부의 에너지를 받아들인다. 그래서 살 수 있는 것이다. 인간 몸은 여러 개의 관으로 이루어졌다.[34] 입을 통해 공기를 들이마시고, 음식을 먹는다. 이것은 식도와 기도를 통해 우리 몸의 여러 장기로 이동하고 요도관이나 항문, 피부를 통해 밖으로 나온다.

이 세상 모든 살아 있는 것은 열려 있다. 밖의 것을 받아들이고 자체 내의 변환 과정을 거쳐 밖으로 내보내는 끊임없는 과정을 통해 생명이 유

---

34) 인간은 여러 개의 관으로 이루어졌다. 혈관, 요관, 기관, 소화관 등 외부와 접촉하는 관들의 집합체가 인간이라는 것. 내부와 외부를 잇는 이런 관들을 통해 인간은 면역체계를 형성한다 (채운, 『재현이란 무엇인가?』, 그린비, 2009).

지되는 것이다. 채운은 『재현이란 무엇인가?』에서 우리는 변화하기 위해서, 비재현적 사유를 위해서 끊임없이 바깥과 소통해야 한다고 말한다. 소통의 시작은 수용이다. 자기는 받아들일 줄 모르면서 학습자에게만 받아들이라 말하면 어쩌겠다는 거지? 자기는 감동할 줄 모르면서 감동시키려 한다는 건 웃기는 일 아닌가?

촉진을 잘하려면 학습자, 참여자들의 말을 잘 알아들어야 한다. 그들의 일상적인 삶, 고통, 슬픔, 두려움, 열망을 이해하고 공감해야 비로소 대화가 된다. 낡은 건물, 미로 같은 골목길이 얽힌 구시가지와 그를 둘러싼 큰길이 죽죽 뻗고 새 건물들이 높이 솟은 신시가지가 소통하기 위해서는 구시가지의 언어를 이해해야 한다. 구시가지의 얽히고설킨 길과 집은 개인의 내밀한 욕구와 정서를 품은 언어다. 대화란 바로 이 오래된 언어들 사이의 만남이다. 만약 상대방 언어의 이 거리와 풍경이 친숙하다면, 그 상대방과 교감하기는 그만큼 쉬울 것이다.[35]

그들의 내밀한 욕구와 정서를 담은 언어를 듣고 그들의 언어로 다시 말해줘야 한다. 그들이 누구든 상관없다. 공무원, CEO, 기초생활수급권자, 노숙자, 교사, 교수, 학생…. 그들의 언어를 안다는 것은 그들을 이해한다는 것과 같다.

---

35) 고명섭, '대화하기의 어려움', 〈한겨레〉, 2010년 5월 12일자.

잘 꼬드겨야 한다

기법과 기교, 방법론이 하늘을 찌르는 세상이다. 사람들은 그 무엇을 의식하지 못하고 현혹되는 경우가 종종 있다. 교육현장에서의 기법과 기교는 교육의 주제, 메시지와 맞을 때 자연스럽다. 교수자의 기법, 방법론이 지나치게 크게 작용될 때 내용은 묻히고 교육은 쇼가 된다.

무조건 재미있어야 한다는 강박에서인지 어떤 교육에서 강사가 첫 시간에 '마술'을 선보였더니, 학습자들이 다른 건 다 잊고 그 '마술'만 기억했다. CG, 음향효과 등의 기법을 과도하게 사용한 영화를 보고 나면 눈과 귀는 호강한 것 같은데 남는 게 없어 허탈하다. 교수자로 나선 초기에는 많은 이들이 기법, 기교, 방법에 치중한다.

내가 사부로 모시는 파커 파머는 가르치는 이에게 가장 중요한 것은 그 어떤 기법보다도 교수자인 자기 자신에 대한 의식이라고 말한다. 30년 동안의 교직생활을 돌아보면서 그는 학생들과 대면하고 있을 때 딱 한 가지 자원만 즉시 가동할 수 있다는 것을 느낀다. "나의 정체성, 나의 자기의식, 가르치는 '나'라는 인식"이다.[36]

맞다. 차 떼고 포 떼고 뗄 것 다 떼고 나면 남는 건, 나와 만난 너(학습자)다. 그러니 나의 정체성, 나의 자기의식이 중요할 수밖에. 드라마 〈알

---

36) 파커 파머, 『가르칠 수 있는 용기』, 한문화, 2005.

함브라의 궁전의 추억〉 작가는 마지막 회에서 자막을 통해 "세상을 바꾸는 마법은, 과학기술이 아닌 사람에 대한 믿음이다."라는 메시지를 전한다. 기법과 기교는 자제하고 최대한 억제할 때 빛난다. 파커 파머도 『가르칠 수 있는 용기』에서 말하지 않았던가. "인간의 삶에서 가장 깊은 차원으로 내려가면 기술이란 것이 필요하지 않다"고.

　온갖 현란한 기교로 감각을 자극하는 세상이다. 교수자는 미리 잘 짜놓은 스토리로 학습자들을 집중시켜 자신의 메시지를 전달한다. 세련되게 만든 파워 포인트(PPT)나 동영상으로 학습자를 자신이 준비한 주제로 유혹한다.

　가르침과 배움의 가장 좋은 방법은 '대화'라 여기고 교육 워크숍을 진행하다 보면 가끔 학습자들이 내게 왜 시각자료가 없냐고 항의한다. 좋은 동영상을 시청해야 교육이라고 여긴 것이다. 함께 나눌 주제를 '대화'로 이끌 자신이 없을 때는 나도 가끔 그날의 교육 주제에 맞는 동영상을 틀어준다. 학습자들의 몰입도는 짱이다. 나도 편하다. 그렇지만 썩 좋은 방식은 아니라 생각해 잘 사용하지 않는다. 기법과 기술로 다시 돌아와서. 기법과 기술은 주제, 내용, 메시지에 맞아야 한다. 그럴 때 진정한 테크닉이 된다.

　감각의 제국이다. 이 제국은 어디까지가 끝일까? 인간은 자신에게 주어진 이 감각을 어디까지 쓸 거란 말인가? 배가 고프다. 감각이다. 그래서 먹는다. 배가 부르다. 다시 감각이다. 배가 부르면 된 것 아닌가? 그런데 배가 터지도록 먹는다. 배탈이 나도록 먹는다. 여기저기서 못 먹어 본 것들을 화려한 이미지로 보여주며 먹으라고 재촉한다. 배가 부르지만 제어하지 못하고 또 먹는다. '제어하는' 감각을 훈련해야 한다. 적당히 먹고, 적당히 보고, 적당히 들을 수 있게 말이다.

과잉의 시대다. 많이 본다, 너무 많이 듣는다, 지나치게 먹는다. 한꺼번에 빨리 다 한다. 그리고 지쳐 나가떨어진다. 다시 일어나 또 많이 본다, 또 많이 듣는다. 이제 우리의 감각도 적응이 되었다. 많이 봐도, 많이 들어도 아무렇지 않다. 소화하지 않고 내려 보내면 되니까. 휘발성이 강한 것들. 아니, 느끼고 생각하지 않아도 될 것들을 왜 이리 많이 보고 듣는지 나는 참말로 모르겠다.

다들 감각을 끝까지 자극해 유혹한다. 유혹한다는 것은 끌어들인다는 것. 자기 쪽으로 끌고 와 자기의 욕망을 실현한다는 것이다. 유혹된다는 것은 나의 어떤 내면 욕구를 저쪽에서 건드렸기에 그쪽으로 간다는 말이다. 먹을 걸 준다고 꼬드겼거나 한 자리 준다고 했거나.

강제로 끌려가는 것을 유혹당했다고 하지 않는다. 사기도 마찬가지다. 저쪽에서 나의 어떤 욕망을 건드린 것이다. 나에게 사기당할 어떤 요소가 없으면 사기당할 리가 없다. 그래서 세상만사 모든 일은 다 자기 선택이고 자기 책임이다.

서로를 유혹하는 세상, 잘 유혹해야 한다. 잘 끌고 와서 신나게 놀아야 한다. 이왕이면 유혹당한 대상이 자기가 왜 끌려왔는지를 아는 것이 더 좋다. 노예를 데리고 같이 놀면 뭐가 재미있더냐! 상대방도 흔쾌히 선택하도록 그의 선택을 존중해줘야 그를 유혹한 나의 만족감도 높아진다. 많은 이들이 자기의 욕구만 중요해서 상대가 무엇을 원하는지 알지 못한다. 알려고 하지 않는다. 어떻게 상대의 욕구를 아는가? 물어야 한다. 살펴야 한다.

다시 유혹하는 세상, 감각이 하늘을 찌르는 세상. 사람을 내게 오게 하려면, 잘 꼬드기려면 일단 감각적일 필요가 있다. 사람과 사람이 만날 때 처음은 감각이니까. 그 감각은 욕구, 욕망에 맞닿아 있다. 그렇다면 그 사람의 욕구와 욕망을 알아야 하는 것이 맞겠다. 사람을 내게로 오게 한다. 꼭 그래야 하나. 그가 허락한다면 내가 그에게로 갈 수도 있다. 그에게 이렇게 묻는다.

"내가 당신에게 가고 싶은데 그래도 될까요?"

오직 배우는 자만 있을 뿐이다

처음 교육을 진행할 때, 교수자는 말을 많이 해야 하는 사람인 줄 알았다. 어떤 메시지를 많이 전해주어야 훌륭한 교수자라고 생각했다. 전달하고자 하는 메시지에 적합한 단어를 고르고 논리적인 문장을 만들어 말해야 사람들이 내 말을 믿어주고 따라올 것이라 생각했다. 그런데 교육이 끝나면 무슨 이유인지는 모르겠는데 마음이 허전했다.

내가 받은 것이 없었기 때문이다. 강의료? 물론 받았다. 그런데 그것 때문에 이런 일을 한다면 그야말로 '입에 풀칠하기 위해 사는 것, 목구멍이 포도청이라 하는 일'이다. 그것 말고 워크숍이 진행되는 현장에서 참여자들과 끊임없이 주고받는 과정에서 나도 받으면서 배워야 했는데 그것을 하지 않아 허전했던 것이다. 나는 단지 가르치는 자, 저들은 그냥 배우는 사람이었다.

교육 워크숍이 열리는 현장은 구조화되고 계획된 마당이긴 하나, 살아 숨 쉬는 삶의 현장과 같아야 한다. 참여자들과 함께 가슴에 차곡차곡 쌓인 이야기를 나누고, 노래하고, 신나게 춤추고, 어색하지만 소리 내어 크게 웃고, 훌쩍훌쩍 울기도 한다.

무기력하게 축 처진 몸, 주위를 경계하는 눈빛, 표정 없는 얼굴들이 서서히 활기가 돌고 환하게 피어난다. 삶을 나누는 교육 워크숍만 그런 것은 아닐 터. 지식을 교류하고 나누는 자리도 끊임없는 상호작용 속에서 지식이 확대되고 재생산되는 자리가 되어야 한다.

참여자들이 쏟아내는 이야기를 들으면서 나는 이 세상에 우리네 인생만큼 훌륭한 학교가 없으며, 사람만큼 무궁무진하고 생동감 있는 텍스트는 없다고 생각했다. 참여자들이 '굽이굽이 살아 온 인생이야기'는 그 어떤 드라마보다 더 역동적이었으며 고통과 시련을 이겨내고 교육장에 앉아 있는 그들은 꽃보다 아름다웠다.

진정 '아는 것이 힘일까?' 세계에 대한 과학 지식이 어느 정도 우리 삶을 풍요롭게 하는 데 도움이 되었으나 날이 갈수록 우리가 '알고 있는 지식'은 우리가 '살아가는 것'과 거리가 멀어진다. 막스 베버의 말처럼 정작 우리가 알아야 하는 "인간이 어떻게 살아야 하는가? 어떻게 행동해야 하는가? 무엇을 믿어야 하는가?"와 같은 절실한 의식 문제는 점점 비합리적인 영역으로 밀려난 지 오래다. 삶과 무관한 앎이 얼마나 황당한 결과를 초래하는지 톨스토이의 『인생론』에 나오는 청년의 이야기가 아니더라도 수두룩하다.[37]

사람은 언제나, 어디서나 누구에게나 배울 것이 있다. 배우면서 살아왔다. 한준상 교수는 이렇게 배우는 인간을 호모 에루디티오(Homo Eruditio)라 말한다. 마음만 먹으면 언제 어디서나 배울 수 있는 초 연결 사회에 살면서 가르치는 자와 배우는 자를 무 자르듯 정확히 구분하고 그 역할을 지속하게 하는 것이야말로 코미디다.

---

37) 시골 마을에 사는 어느 청년은 시냇가에 있는 물레방아를 보고서 갑자기 그 원리가 궁금해진다. 그런데 물레방아가 물을 돌려서 돌아가는 것을 알고 그 물이 어디서 오는지 쫓아가고, 그 물은 또 어디서 오는지를 알고자 강으로 가고…. 이렇게 평생을 돌아다니다가 결국은 밀을 빻는 본인의 임무를 잊었다는 이야기다(강상중, 『고민하는 힘』, 사계절, 2009).

그냥 함께 가는 사람, 동행지식일 뿐

교수자로서의 자기의식, 자기 철학이 없는 진행자가 이끄는 교육은 사기다. 늘 자신에게 물어야 한다. '가르친다는 것은 무엇일까?', '좋은 교수자는 어떠한 사람인가?' 가르치는 자리에 선 자기를 스스로 점검해야 한다. 답은 정해져 있지 않다. 매번 다른 답이 오는 게 맞다.

그래도 내게 묻는다면, 늘 자신에게 '좋은 교수자, 좋은 선생은 어떠한 사람인가?'를 질문하는 사람이 아닐까? 교육 워크숍에서 사용하는 프로그램 도구는 금방 만들어낼 수 있지만 철학이 빠진 교육은 공허하다. 참여자들도 그것을 잘 안다.

2009년 저소득 참여주민의 일자리 사업을 하던 매니저들과 함께 교육 워크숍을 진행한 후, 참여식·체험식 교육에 대한 그들의 생각, 철학을 들었다. 한 줄 한 줄 읽을 때마다 '교육이란?' 혹은 '참여식 교육이란?'을 넣어서 읽으면 좋다.

【교육이란? / 참여식 교육이란?】

… 숨은그림 찾기다.

… 소통의 방법을 알아가는 것이다.

… 나를 비추는 거울 닦기다.

… 잃어버린 촉수의 감각을 회복하는 것이다. 예민한 감각이 살아나는 것이다.

… 인격의 옷을 만들어 가는 바느질이다.

… 세상과 이웃을 좀 더 잘 이해할 수 있는 도구를 찾는 과정이다.

… 자존감을 찾는 열쇠이다.

… 별이 왜 나를 위해 비추는지를 이해하는 것이다.

… 배워서 남 주는 것이다.

… 가르침 속에서 배우는 것이다. 가르침을 통한 수양이다.

… 내가 아무것도 모른다는 것을 알아가는 것이다.

… 알아가는 기쁨을 누리는 것이다.

… 나무에 물을 주는 것과 같다.

… 어두운 밤길에 별을 따라가는 것이다.

… 나의 작음을 알아 가는 것이다.

… 마음을 열고 외부의 정보를 담는 것이다.

… 시간과 공간 속에서 지식과 지혜를 공유하여 사유의 공간을 넓히는 것이다.

… 진행자의 순발력이 필요한 경우도 있다.

… 진행자는 참여자가 던지는 돌발 질문에도 당황하지 말고 유연해야 한다.

… 참여자와 진행자가 서로 주고받는 것이다.

… 진행자는 따뜻한 마음이 필요하다.

… 징검다리를 놓는 것이다.

… 약손이다.

… 저마다의 소질이 드러나게 하는 것이다.

… 마음의 잡초를 뽑는 것이다.

… 흰 도화지에 그림을 그리는 것이다.

… 아는 것이 아니라 깨닫는 것이다.

… 참된 기쁨이다.

… 나를 생각하게 하며 나를 발전시킨다.

… 어려움이 쉬움으로 전환되는 것이다.

… 나를 뒤돌아볼 수 있게 하는 것이다.

교육 워크숍은 교수자와 참여자(학습자)가 공동 작품을 만드는 일이다. 참여자(학습자)와 교수자(촉진자)가 만나, 마음을 열고 나와 너의 이야기를 하면서 자기 자신을 만나고 더 넓은 세계를 만나는 것이다. 워크숍 진행자(교수자)는 참여자들이 자신의 삶을 예술로 만들어가도록 자극하고, 도와주고, 이끌어 주는 촉진자가 되는 것이다.

촉진자가 되는 길, 참으로 즐거운 일이다. 굳이 교육 워크숍을 진행하는 것뿐 아니라 일상생활에서 우리가 만나는 사람들의 잠재력을 믿고 그들이 밖으로 자신의 힘을 발휘하도록, 자신만의 고유한 색과 향기를 발휘하도록 돕는 일만큼 기쁜 일이 어디 있으랴.

"나 김영미의 사명은 내가 만나는 모든 사람들이 그들 안에 있는 보석을 발견하도록 돕고 그들의 향기와 색을 발산하도록 촉진시키는 것이다."

나는 지금 하는 이 일을 아직도 좋아한다. 그들을 촉진시키기 때문이 아니라, 그들과 함께하는 과정에서 배울 수 있기 때문이다. 오래전에 나를 알던 사람이 지금의 나를 보고 놀란다. 이제 좀 사람이 되었다고. 다 그들 덕분이다. 교육현장에서 만난 학습자들, 나의 동행지식(同行智識)님들. 감사합니다.

에필로그

지금까지 말한 건, 다 개소리

지금까지 이 책에서 말한 건, 어쩌면 개소리일지 모릅니다. 개를 반려견으로 키우는 분들에겐 죄송한 표현인데…. 아직까지는 쓰잘머리 없고 무시해도 좋을 말을 이리 부르니, 일단은 개소리라는 말로 표현할게요. 조금 더 지나면 이제 '개소리'라는 말의 의미도 '사랑스럽고 정겨운 말'로 바뀌게 될지 모르겠네요.

삶은 같은 것, 두 번이 없습니다. 매번 생성하는 생명입니다. 하지만 정치, 경제, 교육, 종교 등 사회제도는 표준을 만들어 우리의 삶에서 숨결을 거세하고 생명을 죽일 때가 많더군요. 절대적인 진리를 주장하는 교조주의와 권력화된 권위주의를 배격하고 현장, 실상(實像), 삶에서 늘 배우는 것이 즐거운 것임을 다른 사람들도 알았으면 하는 마음에서 이 책을 쓰게 됐습니다.

온전하게 아는 것은 참으로 힘든 일입니다. 우리는 알아가는 존재들이기에 확실히, 다 알았다는 자만과 편견을 버려야겠어요. 서 있는 곳이 다르면 보이는 것이 다르죠. 제가 서 있었던 '교육의 현장'이 달랐기에 본 것이 다르다고 이해해 주시면 좋겠어요. 제가 다르게 보고 싶었기에 다른 곳을 택한 것일 수도 있네요.

종교집단과 학계를 통해서만 교조주의와 권위주의가 전수된다고 생각했는데, 그래서 그 집단에 속하지 않으려고 애쓰며 살았는데 지나고 보니 그곳에 속하지 않은 저의 일상도 교조주의, 권위주의가 자라고 있었음을 깨달았습니다.

'내가 말하는 것이 옳아.', '이것이 완전한 진리야.'라고 끝까지 우기는 걸 교조주의라 정의하니 참으로 부끄러운 말과 행동을 많이 하고 살았네요. 사회적으로 큰 영향을 미치는 '무리'를 만들지 않아서 그렇지(그럴 능력이 없어서였겠지만) 나도 교조주의자로 살았음을 시인합니다. 하지만 그때는 그게 맞았습니다. 지금은 아니지만. 아, 아닙니다. 지금 와 생각해보니, 그때도 틀린 게 있었네요. 그러니 계속 반성하며 살아야겠습니다.

이 글을 미리 읽은 사람들이 말합니다. "영미야, 글에서 네가 보여." 나도 글을 쓰면서 자꾸 나를 보이는 것 같아서 부끄러웠습니다. 어떤 것에 대한 견해뿐만 아니라 가끔 등장하는 에피소드를 통해 내가 살아온 역사, 가족, 이웃, 교육현장의 사람들, 종교까지 다 드러나더군요. 이런 것까지 써야 하나 고민하며 지우곤 할 때마다 '아, 이래서 사람들이 에세이가 아니라 소설을 쓰는구나' 하는 생각을 했지요.

이 책은 20년을 학교교육과 사회교육 현장에서 일한 프리랜서 강사(교수자)의 교육철학이 담긴 활동 보고서, 자기 반성문입니다. 이 책의 초고를 읽은 뒤, 많은 분들이 소감을 주셨습니다. '심하게 종교적이라 불편하다.'고 자기의 심정을 말하시거나, '사이비 기독교인인 것 같다'고 비판하시거나, '제도교육을 모르니 저런 말을 할 수 있지'라고 하시거나…. 제 글을 읽고 거부감, 생경함을 느꼈다면 다행입니다. 배움은 낯선 것에 대해 이상하게 느끼는 것에서 시작하니까요.

이 책에서 나는 최대한 '씹어 먹은 말', '내 것으로 소화한 말'을 하려고 노력했습니다. 하지만 덜 이해되었기에 여러분도 이해하기 힘든 것이 있었다면, 너그러운 마음으로 양해해주시길 부탁드립니다. 아니면, "개소리하고 있네."라고 하셔도 괜찮습니다.

나는 내가 경험한 세상을 내 목소리로 말하려고 했습니다. 이 책에서 주장하고 있는 것에 대한 정당성은 20년간 교육현장에서 내가 직접 경험한 것입니다. 내 경험에 잘못된 것이 없기 때문이 아니라 권위의 기초가 될 수 있는 나의 경험은 언제든 점검할 수 있고 수정할 수도 있기 때문입니다. 인본주의 상담가 칼 로저스처럼 나에게도 경험은 가장 강력한 권위를 가지고 있습니다.

러시아 영화감독 타르코프스키가 쓴 『시간의 각인』을 읽으면서 '아… 이 사람 자기가 일하는 분야인 영화에서 '진짜'를 본 사람이구나'라고 생각했습니다. 이런 경험을 하게 되면 사람들은 자기가 경험한 그것이 전부인 것처럼 목청껏 떠들고 다닙니다. 하지만 그는 "모든 예술가는 자신만의 법칙을 따르지만, 이 법칙을 다른 사람에게 강요하지 않는다."고 하더군요. 새겨들어야 할 말입니다. 이 책 3부에서 나는 20년간 진행한 교육을 통해서 발견한 교육 워크숍의 원리와 철학을 떠들었습니다. 살짝 부끄럽습니다.

여러분 모두 각자, 자기의 산을 오르시길 바랍니다. 여러분이 오른 그 산에서, 여러분이 들은 소리와 본 '그것'을 저도 알고 싶고 같이 느끼고 싶네요. 어쩌다 그 길에서 마주치게 된다면 참말로 반가울 것 같습니다.